U0077692

天下文化
BELIEVE IN READING

心理勵志 BBP474

與成功有約
最後一堂課

Part 2
The Pinnacle of Success

Part 1
The Midlife Struggle

柯維的向上心態

Live Life in Crescendo

Your Most Important Work Is Always Ahead of You

Part 4
The Second Half of Li

Part 3
Life-Changing Setbacks

**Maintaining that attitude—the Crescendo Mentality—
is the key to lifelong passion, dreaming, excitement, and mission.
It is why you and I should be getting up every day.**

by Stephen R. Covey　Cynthia Covey Haller
史蒂芬・柯維　辛希雅・柯維・海勒　顧淑馨——譯

目錄

讚譽文

高效能人士有另一個習慣：從向上的軌跡展望將來。這件史蒂芬·柯維送給我們的最後禮物，是與女兒辛希雅共同完成，它啟迪我們懷抱更遠大更勇敢的夢想。

——亞當·格蘭特（Adam Grant），《紐約時報》冠軍暢銷書《逆思維》作者

史蒂芬·柯維身體力行向上人生，也不斷激勵他人這麼做。有一次在飛機上，我倆碰巧坐在隔壁，是他協助我改變足球生涯及人生的方向。我在那班飛機上受到鼓舞，重展活力。他巧妙熟練的分享書的原則，讓我看到未來光輝燦爛的機會，也得以親炙偉人風采。透過本書還有其家人的人生，他的功業將繼續發光發熱。

——史蒂夫·揚（Steve Young），美足國家聯盟名人堂（NFL Hall of Fame）四分衛、私募基金HGGC董事長兼共同創辦人

賺錢或許是樂事，但帶給別人快樂是超級樂事。簡單說，快樂有很多來源，不只是賺很多錢。當我們分享及服務有困難的人，才會體驗到更深層、更令人滿足的最真實喜樂。本書教導我們如何全心全意為大愛努力付出，以活出有目的、意義及貢獻的人生。感謝史蒂芬與辛希雅，實踐向上人生，並寫出這本行文優美、鼓舞人心的重要著作。

——穆罕默德．尤努斯（Muhammad Yunus）教授，
二〇〇六年諾貝爾和平獎得主、孟加拉鄉村銀行創辦人

本書是史蒂芬．柯維關於領導力的遺作，由女兒辛希雅接續完成。柯維在書中主張，改變對退休的思維。他建議，雖然從職業或事業退休，但是對周遭的人做出有意義的貢獻，這方面不必退休。本書有新洞見，有發人深省的個別故事，目的在幫助讀者用追求事業成功的相同熱情，去過以服務為重心的人生。

——亞利安娜．哈芬登（Arianna Huffington），Thrive Global 創辦人兼執行長

退休不是終點，而是真正的起點。我們有更多時間去建立更緊密的關係，以及貢獻與回饋社會。這本發人深省的精采好書，提供實例、故事，及流芳後世所需的智慧，那些事

蹟會在我們身後繼續流傳。史蒂芬和辛希雅，謝謝你們寫下這本出色的著作，也是對史蒂芬．柯維及其功業的禮讚。

——盧英德（Indra Nooyi），百事可樂前執行長暨董事長

我很喜歡這本書，所有期望改進自我人生的人，都能從此書獲益。書中俯拾皆是有趣味、有智慧、有看頭的故事。我好像又再次與柯維博士相遇。《與成功有約》對當年是年輕醫師的我意義非凡，可是我發現，他與女兒辛希雅合著的這本新書，更是意義重大，它指引我們，不分年齡，更進一步，突破自我設限。

——丹尼爾．亞曼（Daniel G. Amen），精神科醫師、腦科學權威

無論你是否享受過成功，遭遇過逆境，或感到有志難伸，人生的最佳時刻仍可能在前方等著你。以史蒂芬．柯維特有的智慧及溫暖，這本令人愉悅、充滿希望之書告訴我們，如何讓人生真的愈來愈好。

——丹尼爾．品克（Daniel H. Pink），《紐約時報》暢銷書《動機，單純的力量》作者

人之常情難免認為，我已竭盡全力。我已到達最高點。現在正走下坡。光輝的日子已是明日黃花。所以史蒂芬．柯維與辛希雅．柯維．海勒合寫的這本書，帶來一股清新氣息。本書完全顛覆這種情況，要我們相信自己最大的貢獻，永遠尚有待完成。本書能夠在史蒂芬過世十年後出版，正是最好的證明。辛希雅十分忠實的掌握父親著作的精神，也加上她基本的意見。能讀到本書我覺得好幸運，相信讀者也會有同感。你對自己人生的想法絕對會不一樣。

——葛瑞格．麥基昂（Greg McKeown），
《紐約時報》暢銷書《少，但是更好》、《努力，但不費力》作者

與我們這一代大多數人一樣，我倆已完成美好轉型，從父母升格為祖父母，作品也隨之改變。就在我們想要寫人生第四部分的喜樂時，發現親愛的老友史蒂芬在離世前已經寫了，並且寫完大部分。他優秀的大女兒辛希雅從一開始便參與其事，後來接續父親遺志，完成這本書，實在太棒了！

——理查與琳達．艾爾（Richard and Linda Eyre），
《紐約時報》冠軍暢銷書作者

史蒂芬・柯維的著作曾形塑我的人生與領導工作。本書則是根據他自己的使命宣言，邀請大家度過充實人生，不錯過任何關鍵點。只要把人生視為增進成長及影響的機會，那你一定要讀這本佳作中的佳作。你可以在這本書中找到人人都能在一生中做出偉大貢獻的證據。

——塞蕾絲特・梅根斯（Celeste Mergens），屢獲殊榮的全球非營利組織「女孩日」（Days for Girls）創辦人

辛希雅・柯維・海勒將已故史蒂芬・柯維的作品發揚光大，成就這本啟迪人心的好書，帶給讀者鼓舞與希望，要活出從頭到尾都成果豐碩、富於意義的人生。

——亞瑟・布魯克斯（Arthur C. Brooks），哈佛甘迺迪學院暨商學院教授

本書猶如暮鼓晨鐘，提醒我們人人都有故事，也都體驗過煩惱及創傷，但是追根究柢，我們有向上提升的內在力量，使我們不斷前進，不僅克服覺得過不了的關卡，更得以重拾歡樂。本書內容鼓舞人心，字裡行間充滿愛心。我的故事也在其中，甚感榮幸。

——伊莉莎白・史邁特（Elizabeth Smart），《紐約時報》暢銷書作者

辛希雅・柯維・海勒是父親忠實的傳譯者，她充分把握本書的真諦。我翻讀每一頁，都好像柯維博士在說話。本書激勵大家，人人都要過著有目的、服務、愛心和貢獻的人生，不浪費分分秒秒，並明白自己最重要的工作始終等在前方。

——妙麗・桑莫絲（Muriel Summers），寇姆斯小學前校長

感謝

偉大的父母親
史蒂芬與珊德拉．柯維
他們一生都是「活出向上人生」的典範

還有最佳夫婿凱麥倫
我此生的最愛
感謝他的好脾氣
沉著穩重及無條件的愛

序

創造最美好的未來

辛希雅・柯維・海勒

我們身後留下的，並非刻在石碑上的銘文，而是融入他人生命中的記憶。

——古希臘政治家伯里克利

父親曾教導我，預測未來最好的方法，就是去創造未來。他向來打算一輩子工作與貢獻，也打算永久活下去。他曾向子女及熟識的朋友明示：他的字彙裡沒有「R」，就是「退休」（retirement）這個詞。他不以為意的謊報年齡，當有人說他正處於「黃金歲月」的人生階段，他會覺得尷尬。

父親抱持活在當下的人生，也把「把握每一天」的態度教導給九個子女。每當我們眼前出現良機，他總喜歡引用梭羅的忠告：「人生要活得淋漓盡致。」這種看法使他保持年輕並不斷學習。我們知道，他不會錯過任何享受自己人生及改變別人人生的機會。

父親二十五歲自哈佛商學院畢業，他哥哥問他今後有什麼打算。他答得簡單：「我要釋放人類潛能。」此後五十五年，他藉著激勵人心的著作，以及熱誠活潑的教學，在全球各地實現那個目標，重心則總不外乎他主張的：「以原則為重心的領導。」他公司的標誌是羅盤，象徵人生對準他所說的「真北方」（True North）有多麼重要，到真北方代表恆久不變的根本原則。父親認為，教導這些歷久彌新、適用於所有人的普世原則，能夠一勞永逸的顯著改變並影響個人和組織。他高瞻遠矚，有不同凡響的思想與理想。

他愛用的學習方式，是遇到人，都要問問人家的生活、工作、家庭、信仰，和熱中的事物，只為向他們學習。他經常向別人討教，以了解不同的觀點。他仔細聆聽對方意見，把對方當成其領域的專家來問問題。他聆聽的對象有教師、計程車司機、醫師、執行長、女侍、政治人物、企業家、學生家長、鄰居、藍領工人、專業人士，甚至國家元首，並且報以同等的興趣與好奇心。這往往惹惱母親，為此大翻白眼，有時還說：「史蒂芬，為什麼你每次跟別人講話，總像是一無所知？」父親理所當然的答：「珊德拉，我已經知道自己懂得什麼，但是我想知道別人懂得什麼。」

我是九個子女的老大，從小聽父親在家裡，在他向全世界眾多聽眾的演講中，討論以原則為中心的概念。我最喜歡的原則之一是：要事第一，那也是他某本著作的書名及七個習慣之一。父親努力實踐他的教導，而家庭關係是他最優先的要務之一。儘管我們有九個兄弟姊妹，不過個個都覺得自己是家裡的寶貝，與父母也都相處融洽。

有件童年往事令我難以忘懷。剛滿十二歲時，父親邀我隨他到舊金山出差幾天。我興奮不已。我們仔細計劃，他演講完後，我倆同行每一分鐘的行程。

我們決定，第一晚去搭我聽說過的著名叮叮車遊舊金山，然後到一些潮服店買上學穿的衣服。我倆都喜歡中國菜，所以預計到華埠去，再趕回飯店，在泳池關閉前快快游一下。那一晚結束前是客房服務，來一杯熱牛奶聖代，再上床睡覺。

等那重要的夜晚終於來臨，我焦急的在後臺等待父親演講完。就在他快要到我身旁，我看到一個他的大學老同學熱烈的與他打招呼。他倆擁抱時，我想起父親說過那些他們的當年勇和共度的有趣時光。我聽到他說：「史蒂芬，我們恐怕至少有十年沒見了。今晚我和路易絲想請你吃飯，好好聊聊近況，也回憶當年。」我聽到父親解釋這次有我跟來，這位老同學向我這邊看了一眼，說：「當然也歡迎你女兒一起。我們可以到漁人碼頭去吃晚餐。」

我倆為這特別的一晚，為只有彼此所做的種種偉大計畫，眼看要化為烏有。我可以想見，我嚮往的叮叮車行駛在軌道上，車上卻沒有我們父女倆，想吃中國菜的計畫，也換成我討厭的海鮮。我感覺遭到背叛。可是我明白，父親很可能寧願整晚與好友相聚，而不是與十二歲的孩子共度。

父親充滿感情的抱著好友。「哇，巴伯，能夠再見面真是太棒了。晚餐聽起來很有意思……可是今晚不行。辛希雅和我已經計劃好特別的一晚，對吧，女兒？」他對我眨眨眼，我驚訝的發現叮叮車又出現在我眼前。我止不住滿臉笑容。

我不敢相信，我想父親的好友也不敢相信。我們沒有等他回應，就快步走出門，出發上路。

我終於出聲：「天啊，爹地，你真的確定……？」

「嘿，我們特別安排的今晚，我怎麼也不願錯過。反正你一定寧可吃中國菜，對吧？我們現在趕快去搭叮叮車！」

回顧童年，這件看似不重要的經歷，始終是父親品格的表徵，也為我們父女關係建立起信任感。從那天起，我便一直保有這份信任感。他教導別人，也一直身體力行：「感情關係中，小事就是大事。」我的每個弟妹，也都有類似的「舊金山」經驗，使他們感覺自己的重要和受到重視。這種愛與信任存款，是自我價值的核心，對我們的成長階段影響重大。

父親認為，我們應該培養他所說的「四方人」（four-square person）：在生理、心智、情感、心靈方面都平衡的人，因為這四個領域，是人類圓滿的基本要素。父親在世時，每天都認真努力過著平衡的生活，朝四方面自我精進，也教別人這麼做。他寫道：「我們的精力應該最先用於培養品格，那往往是別人看不到的，就像支撐大樹的樹根。培育根部就會逐漸看到果實。」

儘管他也像所有人一樣為自身的不足而煩惱，他卻不斷設法改進自己，克服缺點，比我認識的任何人都認真。我們知道他的專業生涯令人欽佩，可是我們覺得，那完全比不上柯維家私領域的生活。他與母親數十年來積極致力於在家中創造豐富的家庭文化，並設法讓子女發揮最大的潛能。他也透過專業工作，讓別人的潛能得以釋放。我們全家人從未想到，他無法像往常一樣積極生活的日子會真的來臨。

二〇一二年四月，父親七十九歲時，騎自行車出車禍。雖然當時他戴著安全帽，可是戴得太鬆，結果撞到頭，造成腦出血。他住院數週，回家後從未真正復元。之後他又開始出血，最後奪走他的性命。

我們為父親過世深感悲痛，不過我們知道父親信仰十分虔誠，他教導我們，人生的遭遇背後，一定有上帝的旨意：就算父親離世的時間比我們想像的早很多，也是如此。我們全家很幸運，有一位這麼了不起的父親，這麼多年，我們對他無條件的愛與真知灼見的引導，深覺感恩。我們同等感恩慈愛的母親，她是整個柯維家族的女家長，也在不久前離開我們。

父親走之前數年，問我要不要幫忙寫一本新書，主題是我們現在知道的，他最後的「偉大概念」。他對此書發自肺腑的躍躍欲試。他經常同時進行好幾本書及專案，不過當時我對這個新概念很感興趣與熱中，很想要參與。

與擘劃人生藍圖相同，父親已清楚預想到本書書名：*Live Life in Crescendo: Your Most Important Work Is Always Ahead of You*（原文書名意為：「追求向上人生：最重要的工作總是在前方等著你」，中文書名《與成功有約最後一堂課：柯維的向上心態》）。他相信，只要採取後來名為「向上心態」（Crescendo Mentality）的態度，不分年齡，不分人生階段，人人都可以不斷向前看，不斷求進步。他時常熱切的談到此書，並鼓勵對人生現狀不滿，或是因過往挑戰，或失敗而氣餒的人，要他們對未來主動積極的思考和行動，並告訴他們，在未來的歲月仍然可以有什麼成就和貢獻。對他而言，最佳的以終為始（他所著《與成功有約》的七個習慣之一），就是為嘉惠別人的人生，持續做出有意義的貢獻。追根究柢，這種向上心態，才是真正持久快樂的鎖鑰。

他對向上心態的信念，不亞於他在專業工作上教過的一切。在動筆寫成書之前，他以始終如一的做法，開始在某些演講中介紹這個概念，到了晚年，也變成他個人的使命宣言。父親十分熱中「追求向上人生」的概念，他深信，只要切實奉行，將對全世界產生無比的正面影響。

我們一起為此書積極準備三年，我定期與他會面，記下他的想法和理念。他總是鼓勵我，甚至催促我寫完延宕全書的我這一部分；不過他也理解，我家有年幼子女，也有其他急迫的事要忙，時間有限。雖然我與他同樣深愛這個主題，一有時間就蒐集資料和動筆，很可惜他意外提早離開我們時，我負責的部分仍未寫完。

過去幾年，我終於照他的要求，寫完我負責的故事、例子及評論部分。讀者將發現，書中有些部分的語氣彷彿他還活著，那是刻意寫成那樣。有不少材料是他多年前轉述給我的，反映他當時的思想、經驗、見地。有些材料則取自他的著作、演講、個人談話。我特意決定以他的語氣撰寫本書，因為追求向上人生是他獨特的構想，不是我的。我也納入他人生中的故事與經驗，還有他整個職涯中與不同人的觀察和互動，那些部分經過區分，以顯示那是從我的角度看，用我的語氣寫就的。

他預想中的《與成功有約最後一堂課》，是要向全球讀者介紹「追求向上人生」這個新概念。而在我們全家人的心目中，本書代表他的最終貢獻：他的「最後演講」，他的蓋棺之作。雨果寫道：「威力最強的概念，非時機正當道者莫屬。」父親雖然寫過許多強調原則的著作，但是我們相信，本書背後的向上心態概念獨樹一幟，更是當今現世所迫切需要的。他預見向上心態將促進人們帶著希望與樂觀指望未來，相信我們永遠可以成長和學習，服務和貢獻，不分人生任何階段，也相信你我最大最重要的成就，還等在前方。

本書集中於這個單一核心概念，分成代表不同階段和年齡的四部分，來說明這個原則，好協助並加強讀者理解，也提供在人生各時期實踐這種心態的方法。父親和我為了凸顯這個概念，希望納入多樣化的故事，及鼓舞人心的實例，或取自名人，也取自「凡夫俗子」。我們希望別人的經歷能夠讓人相信，自己也能不斷做出正面的貢獻，對本身影響圈內的人，使其人生變得不一樣。

父親辭世幾天之後，我和妹妹珍妮談起，現在少了父親，我們的生活將會有多大的差別。突然真相強而有力的向我們示現，珍妮說：「就算他不在了，他並沒有真正離開；他透過我們依然活著——兒女、孫兒女，還有每個試行他教導的原則的人。這就是他傳世的遺緒。」

愛默生寫道：

若我們續活於子女及年輕世代之身，死亡便非終點。因他們即我們。

或許詹姆．柯林斯在《與成功有約》二十五週年版的序中說得最好：

沒有人能長生不老，但是書籍與觀念卻能永垂不朽。當你翻開這本書時，正當人生顛峰的史蒂芬．柯維彷彿如在眼前。你可以感到他在字裡行間向你招手，說：「你好，我真心相信書裡的話，讓我來幫助你——我希望你了解，有所收穫，我希望你成長，成為更好的人，對世界做出更大的貢獻，活出更有用的人生。」他的人生已經抵達終點，但是他的作品還在持續發揮影響力。

我只希望成為家父忠實的傳譯人。或許本書會像他喜歡說的，引導人們「十分明確的向別人訴說其價值和潛能，使對方深受鼓舞，也覺得自己有這種價值」。

家父史蒂芬・柯維深信，本書能夠強力影響並啟發力求創造最光明前途的人，那也將成為他們留下的獨特遺產。但願本書會隨著他偉大的功業持續發光發熱，並且幫助讀者發揮最大的潛能。儘管他離開我們已有一段時日，他的教誨卻從未間斷，持續向上提升中。

前言

向上心態

我來到森林，因為希望慎重過活，只面對人生重要事實，看我是否學不到生命之課，並且待死期到時，勿發現我不曾活過。我不願虛擲生命，活著是如此可貴……我要活得深入，活得淋漓盡致。

——美國文學家及哲學家梭羅

在人生旅程中，當你走過那許多年齡和階段，你是如何看待它們？你打算如何回應自身那獨一無二的旅程？我相信，這對做好人生規畫以因應生命的高峰與低谷十分關鍵，就是那些你最可能面臨的消沉、得意、意外挑戰及重大變化。在最光明的未來成真以前，你必須去創造它，這是最重要的。

本書將介紹人生各階段的向上心態思想。追求向上人生是一種思維方式，也是行動原則。它是以獨特的觀點看待人生，它是透過對他人做出貢獻，並總是向前看，去找尋有待達成的目標。向上心態重新定義成功，有別於社會一般的衡量標準。只要採取向上心態，我相信會對你的人生，對你周遭的人，甚至對整個世界，產生非同小可的影響。

在音樂裡，漸強（crescendo）意指強度持續增長壯大，能量、音量、氣勢都要上升。漸強的記號用＜代表，如果持續延長那兩條線，音樂就要增強，且是無止境的加大。而漸弱（diminuendo）正好相反：音樂的音量和力道逐漸降低，能量消散、退卻。漸弱記號用＞代表，音樂最後要淡出，漸漸無聲，以至結束。漸弱的人生是指你不再想要開展、成長、學習；你滿足於依賴既有的成就，最後乾脆停止生產與貢獻。

當樂曲來到漸強處，它不只是變大聲，而是表情豐富的混合了節奏、和音、旋律，在譜曲或演奏中，產生一種放大、增強及開闊感。那又是以調子和節拍等基本元素為基礎，加上音量大小變化，並結合譜曲或演奏中對時序的安排。

以下會說明過著漸強向上的人生，也同樣能展現我們的熱情、興趣、關係、信念、價值觀，而這又取決於一些引導我們走過人生各階段的基本原則。

追求向上人生的意義在於不斷貢獻更多，學習更多，影響更多。「你最重要的工作總是等著你」，是一種樂觀、前瞻思考的心態。它教導我們，不論你有什麼遭遇，或處於哪個人生階段，你永遠可以做出貢獻。如果你接受這樣的觀點：就是你最大的貢獻、成就，甚至快樂，不是只在過去，更總是等在前方。請想像人生會有多大變化。就像音樂演奏時，音符一一過去，聽眾卻期待著下一個音符或和音，人生也是走過從前，但是未來可期。

這種心態並非「有過一次就夠了」，它要一輩子跟著你，讓你成為生活充實、積極進取的人。向上心態提倡善用你所有的一切：時間、才華、技能、資源、天賦、熱情、財力、影響力，去豐富周遭人的生活，不論他是家人、鄰居、社區或世界。

生命的意義是找到個人天賦。人生的目的是送出天賦。

——據說為畢卡索名言

畢卡索這兩句話，可做為本書的使命宣言。你可以選擇前瞻思考的精神，針對人生的潮起潮落，始終把重心放在不斷學習和成長上，也要不斷找尋貢獻於周遭人的方法。

在希臘，這種哲學是先要「認識自我」，再來是「控制自我」，然後「付出自我」。希臘人強調按照這種次序的重要性和力量。當個人獨特的使命使你活得有目的感，又透過良好抉擇控制你的人生，那你就能夠服務他人，幫助他人也找到目的和使命。這會為你和他人都帶來滿足感和喜悅。

本書分為四大部分，分別討論人生各關鍵階段。依你的回應，你可以選擇向上漸強的人生，持續創造佳績，也可以選擇向下漸弱的人生，終歸會淡出，喪失影響力。就像作曲家及演奏者，藉著音樂表達自我，不管多複雜，一定是以基本元素為基礎，每個人的生活方式，都體現著人類行為和互動的基本原則。

PART 1 中年掙扎

這個階段關係到你想達到的成就，與實際現況相比結果如何。在中年階段，你可能覺得氣餒，認為自己未做出什麼有價值的事。或許你已經根本放棄想要有所成就，以為時機已過？然而事實上，就最重要的事而言，你的成就或許比你以為的還要多。要是你的人生果真需要改進，你可以選擇改變並再造人生，做出貢獻，獲得真正的成功。

PART 2 成功的顛峰

如果你在人生的某部分曾極為成功，難免會有休憩旁觀、坐享其成、輕鬆度日的傾向。你的態度也許是：「努力過，成功過」，你也覺得已卯足全力。可是追求向上人生的含義是，不要盯著後照鏡，只注意以往的成就（或失敗）；而是要向前看，看看下一個值得的目標或重要貢獻是什麼。很可能在這精采的人生階段，還會有最了不起的工作等著你去完成。

PART 3 改變人生的挫折

人生有許多時刻，你會遭遇重大挫折。突然發生事故，造成你健康出現嚴重問題；你遭資遣或解雇；你被診斷出不治之症；你的親人撒手人寰。像這種時候，你自然會重新評估自己的人生、目標及優先要務。你會放棄、退縮嗎？你會讓這類遭遇決定你的人生嗎？又或者這正是面對挑戰的時刻，刻意選擇應對方式，調整人生方向，繼續前行，做出重要貢獻？

PART 4 人生下半場

當你到達傳統退休年齡，或是社會錯標為「放鬆階段」時，將面臨餘生要怎麼過的重大抉擇。這段時期的生活可能大都只顧自己，甚至一成不變，空虛乏味，你是勉強度日，打發時間。但是你也可以選擇大大提升生產力，對你影響圈內外的人，都做出極大貢獻。要善用或浪費你的潛能，取決於你是否相信，你最重要的貢獻還在等著你。

向上心態講究運用一些關鍵原則，引導你走過人生這四個階段：

- 人生是使命，不是事業
- 熱愛服務
- 人比事重要
- 領導是溝通價值與潛力
- 努力擴大影響圈
- 選擇漸強而非漸弱的人生
- 從工作轉型到貢獻
- 創造有意義的回憶
- 發掘你的人生目的

儘管有些事物可能彼此不同：文化差異，誤會曲解，機會、背景、經歷有分歧，可是同為人類大家庭的一分子，你我共有的重要共通點，遠超出我們充分理解的範圍。假如你曾周遊世界，接觸過各地的人們，就會發現，人基本上都相同：不分貧富、有名無名，人人都追求快樂與價值，都懷抱相同的希望、恐懼和夢想。大多數人都十分重視家庭，也都需要被理解、關愛和接納。

我同意這句據傳是蕭伯納說過的話：「有兩件事決定一個人。一無所有時的耐心，及擁有一切時的態度。」[1]你如何回應如此兩極的人生際遇，既是挑戰也是機會，本書所有內容都在說明這一點。

我對人類感到樂觀。我不贊同憤世嫉俗的世界觀。儘管人類的問題愈來愈多，又很棘手，但是我相信大多數人的本質，是良善、正派、慷慨、忠於家庭和社會、聰明機敏，並特別有靈性、膽量、決心。更可貴的是，我在成長中的世代，看到無比的希望和潛力。各位的潛力無止境，遠超出你所有的想像。

PART 1

中年掙扎

延音（*fermata*）：暫停標記；無特定長度

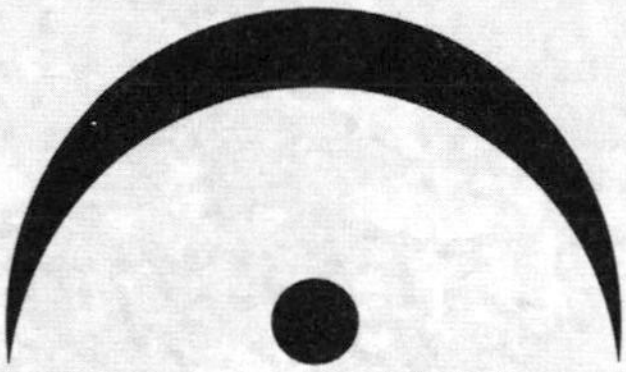

此生快樂有三大基本要素：有事可做，有人可愛，有東西可盼望。

——美國教士柏納普（George Washington Burnap）

許多人看輕自己能夠成大事，那多半是因為缺乏正確的自我認知。他們陷溺於用同樣的方式，做相同的事情，從未真正的「突破」，擺脫自設的標籤，及別人如何看待自己。他們自認為只是普通人，無法造成影響，對自我能力及成就也期許過低，最後實現自我預期，成就有限。他們或許也知道，貢獻會賦予人生重大意義，可是他們貶抑本身價值與快樂，安於平庸。

不過他們渴望上進的心並未消失。因此你若有這種感覺，真是謝天謝地！人人內心深處都渴望過著不平凡、有貢獻的人生：要重於泰山，要真正促成改變。我們可以主觀決定，放下自以為是的平庸生活，在家庭、工作、社會上，追求不同凡響的人生。

CHAPTER

1 人生是使命，不是事業

你能夠付出及獲得的最大天賦，莫過於尊敬上天給予的召喚。你為此而生。你為此而活得最實在。

——名主持人歐普拉

聖誕節經典名片「風雲人物」（*It's a Wonderful Life*）的情節故事，對凡是懷疑過自己人生到底有多重要的人，都意義重大。各位也許記得，主角貝禮為人正直，放棄遠大的夢想，待在家鄉貝福德瀑布小鎮，經營父親的儲貸事業。他似乎注定一輩子要做低薪工作。當非他之過的財務破產發生時，貝禮感到絕望。他以為再也沒有出路，想要跳下橋一了百了。

你是否也像貝禮一樣，覺得完全遭到生命背棄，你的夢想和期待都是一場空？你對現狀是否感到滿意，還是寧願做不一樣的事情？你的履歷是否單薄，過去的工作績效是否乏善可陳？你對生活的熱忱，是否因為感到幻滅而消逝，也因為對自己真正能做到什麼，更感懷疑，更無信心？你是否像貝禮一樣，不確定本身的作為對別人有沒有意義，而想要找一座橋跳下去？

社會對這種苦惱有個名稱：「中年危機」。正在其中的人可能痛苦難當。他們是介於四十至六十歲的男女，發現自己的現狀並不如意，或是自己並沒有想像中那麼好。他們經常自慚形穢，覺得別人看起來都過得更順遂、更「成功」。

在這個人生關鍵階段，我們會面臨許多挑戰：

- 雇主不認可或獎賞你的技能與長才
- 你感到心力交瘁卻不受賞識，你懷疑自己的工作是否值得
- 你的事業發展平淡無奇，缺乏成就感，你覺得有志難伸，沒什麼選擇餘地
- 你的婚姻或其他重要關係陷入困境
- 你似乎得不到個人滿足感與真正的快樂，你懷疑人生是否該重新來過
- 你不相信會落得目前的處境；你以為自己與成功的距離應該更接近

中年危機的徵兆：

- 抑鬱、冷漠、疲累
- 缺乏真正的目的或企圖心
- 眼光不再長遠
- 自我中心，無視於最親近者的需求
- 尋求人為或外來刺激

人步入中年，有時不免恐慌，以致行為反常，像是購買昂貴、拉風的新車（使自己看來很成功），辭掉穩定的工作，開創風險高的新事業，穿著與行事仿效十幾歲青少年，甚至從事大膽或危險的活動。

最糟的是有時會想逃脫，拋下配偶及家庭，冀望不一樣的環境，重新開始或建立新關係，可以使自己感到年輕，消沉的自我形象能夠變好。

我有個朋友的父親，四十幾歲時經歷了典型的中年危機。我們聊天時，他跟我分享他父親的故事，以下引用他的話：

父親四十三歲時，調職到幾小時車程之外的都市，母親、弟妹與我都得離開家鄉，就在我高中畢業前一年，告別我們喜愛的學校。我們盡可能適應新環境，可是幾個月後又要搬家，因為我爸為了追逐新機會，辭去做了多年的銀行工作。幾個月後，爸爸來到媽媽身旁，請她坐下，說他打算離開她和家人，與祕書遠走高飛。祕書比他小十七歲。

幾個月後我們發現，父親與他的新妻子（舊祕書）遷居南加州，留下心碎的媽媽收拾殘局。那種痛苦難以形容，不過堪稱「恐怖」。二十二年的婚姻結束，三個十來歲孩子面對不可知的未來，無法理解，慘遭遺棄，家裡少掉父親，卻得不到什麼解釋。這對任何人情緒穩定的破壞，不可以道里計，而「爸爸」卻只顧與他的新歡在聖地牙哥四處打高爾夫。

父親中年危機的後續效應，甚至到如今約三十八年後，仍然不曾消失。一生感情破滅的母親，獨身生活三十年，早早便過世。弟弟妹妹和我也變得自我懷疑，缺乏信心，潛力受到壓抑，對愛不信任，家庭生活都欠佳，甚至自己也離婚。悲劇延續著。當然「克服它」是數十年來的主流建議，但事情並非那麼簡單。[2]

要是你不喜歡現在的生活，通常解決之道在於正視問題，不要逃避。拋家棄子很少能解決問題，也會毀掉被拋棄的家人。鄰家的草地不會比較綠；或許你只需要為自家的草地澆水。明智之舉是探究原因，處理問題，保住與親愛家人的關係，畢竟你已經投入那麼多。

在此值得憶起貝禮的遭遇。在電影中，（尚未獲得翅膀的天使）奧波迪被指派來阻止貝禮跳下橋。當貝禮說他希望根本不要出生，奧波迪便實現他的願望，並讓他看見貝德福瀑布小鎮若沒有他，日子將多麼不一樣。

缺少他的身影與影響力，貝德福瀑布小鎮變成黑暗、弊病叢生的波特村。貝禮想要逃離的美好小鎮，因為沒有他，變成鎮民不滿、風波不斷之地，受制於貪婪又好弄權的銀行家波特。

貝禮感到震驚，他熱切祈禱再給他一次機會，重新活過並享受他從未充分領會的人生。他的禱告獲得應允。儘管因銀行出事被捕的危險仍在，他還是跑回家，去看每個對他重要的人。家人與朋友卻聚在一起，設法挽救他免於破產，以回報這些年來貝禮為他們所做的許多犧牲。

奧波迪對貝禮說：「很奇怪是不是？每個人的人生，會觸及那麼多其他人的人生。當他不在時，不是會留下很大的缺口嗎？貝禮，其實你的人生很美好。」[3]

你或許也像貝禮一樣，在人生許多領域都很成功，卻渾然不覺。真正的成功並非都像表面上那樣，也並非別人稱頌的那些。你或許達不到別人的期待，可是只要在自己的生活中，最重要的角色都很稱職，那就是在真正最重要的事情上是成功的。

工作對養活自己和家人固然重要，卻並非你我的人生使命。向上心態很重要的一點，就是不必在意做世人眼中的成功者。我們反而應該重新定義成功的含義，並努力為世間的善做出重大影響。

創造自己的未來

你無法預測未來，但是可以創造未來。

——管理大師彼得・杜拉克

我演講時，常常要聽眾撰寫自己的訃聞。這聽似奇怪，過程卻可以讓人思考，我身後想要別人怎樣記得我，然後努力去開創，創造個人的最佳未來。只要仔細想想，你希望在自己的喪禮上，別人會怎麼談到你，從中就可找到屬於你個人的成功定義。

為幫助各位下筆撰寫自己的訃聞，請花點時間，回答以下問題：

- 你希望在自己的喪禮上，別人如何講述你的行誼？
- 你會以什麼著稱？
- 你最大的成就是什麼？
- 當你回顧這一生，哪些事令你感到最愉快、最滿足？
- 你身後要留下什麼遺緒？

再來是比較，以你希望寫入訃聞的內容，對照此刻中年的你，為此做了什麼。你的生活與心中希望的結局吻合嗎？你盼望別人記得你真正關切什麼，那現在正朝那個方向前進嗎？心中記著這些重要問題，即可開始創造未來的人生：做計畫，定目標，做調整，然後付諸行動，加以實現。

在檢視自我，以及檢視關鍵的中年階段你的個人現況時，請務必記住兩個向上心態的原則：

首先，不要與別人比較，看清成功的真實面貌：對你個人最重要的角色，認真刻苦，做到圓滿。

其次，找出你人生中有待改進之處，勇敢、積極的做出正面改變：發揮主動精神，投入心力，取得改進。

選擇正確的成功標準

不問個人感覺或信念，你我總是有力量選擇如何回應人生際遇。低效能的人推卸責任，怪罪別人或環境：自己不成功是因為「外面」的某人或某事。這樣自說自話，絲毫無法改善個人情況。

操之在我的人說：我知道生命賦予我的腳本，但是我不等於那些腳本。我可以重寫自己的腳本。我不必做條件或制約的犧牲品。我可以選擇對任何情況要如何回應。我的行為是個人抉擇的表現。

前面曾講到某友人的故事，他則是刻意改善人生，做出正面改變的實例。他對父親棄家的粗劣決定無能為力；但是他可以從自身遭遇學習，並對自己的家庭做出不同選擇。他可以選擇主動出擊，而非被動回應。最後他確實選擇了主動，是在大約三十年後。

惡意破壞與毀滅式行為的惡性循環到他為止。他明白，自己的行為是個人決定，而非外在條件所造成，他努力做個「轉型人」（transition figure，後面會詳述）。他決心不再重蹈家中可怕場景的覆轍，而選擇要傳承愛、忠誠與責任。痛苦的背景或許使他背負某種包袱，那情有可原，好在經由自制及刻意用心，他選擇不要讓包袱左右他現在的生活。結果他與妻子創造出美好成功的新家庭文化。

我朋友覺得，他的事業不如期望中那麼成功。可是以我的觀點來看，他的故事是再成功不過。他克服悲慘的過往，建立恩愛的婚姻，與六名子女建立穩固的家庭文化，留給他們不同於自身所繼承的家庭傳統。還有什麼比這更成功的？

要是你覺得身陷中年危機，或正經歷「延音」期：長度不定的暫停，請勿因恐慌而逃避或出走。請善用天賦的自我意識，跳出自我，以旁觀自身的處境。請明白，你可以有意識的選擇將來會令自己感到慶幸的道路。

你唯一注定要成為的人，就是你決定要做的人。

——據說出自愛默生

當你可以自由選擇如何回應，其中就存在著力量，使你能夠獲得成長、快樂，並開創自己的前途。

我聽說，有個人，在一位著名領導人請他介紹自己時，顯得有點不好意思。他說：

我不算是大家所說的十分成功，但我們家庭生活和樂。我一直有一份不錯的工作，只是事業發展普通，也沒有賺很多錢。我們住一般的房子，生活小康。在我直屬的圈子外，我實在沒什麼知名度。

不過我最幸福的是，我確實有一位很好的妻子，結婚近五十年，五個子女也令我引以為傲。其中最小的最近才結婚。每個孩子都順利長大，成為負責、獨立、有愛心的人，我們感到十分幸運。他們愛護自己的子女，教導子女良善的價值觀；有這麼美滿的家庭，我們十分感恩。可是……談到事業，談到了不起的事蹟，我實在不算成功，有時也懷疑自己有多少貢獻。

領導人聽完，相當詫異的回答：「啊，那是我聽過最成功的故事之一！我對這種成功所知不多！」介紹自己的這個人，有如「終於發現水的魚」，浸淫在生命所繫的水中，卻完全不自知。他其實一直擁有「真正的成功」，也是最緊要的東西，只是自己不曾察覺。社會所謂成功，通常是指財富、地位、事業顯赫，以那種標準，這不算成功。可是界定這故事的成功，標準很不一樣。

鄉村歌手菲爾．瓦薩（Phil Vassar）的歌〈別錯過人生〉（*Don't Miss Your Life*），唱出我們的時間花在哪裡，又什麼是最重要的。以下引用幾句歌詞：

> 往西岸的飛機上，餐盤桌上放著筆電，
> 座位上紙張四散，為趕上重要期限。

鄰座老翁對我說：抱歉打擾你，
忙碌的朋友，三十年前我就是你。
我賺很多錢，我努力往上爬，
是啊，我曾是超人，如今又有啥重要？

我錯過女兒邁出的第一步，
兒子演「小飛俠」的虎克船長時，
我在紐約，說：「抱歉兒子，爸爸要上班。」
我錯過父女共舞，
那第一支全壘打，無第二次機會，
在現場目睹他通過本壘板，
那時刻已過去，如今已太遲。

名利要付出昂貴代價，
孩子，別錯過人生。4

人生最重要的其中一個角色，此處是為人父母，這是多麼強烈的提醒。不要錯過真實人生：與親愛的家人共度時光所帶給你的持久喜樂人生。

這並不是說事業對提供家人安全和機會不重要，而是要充分體認，追求向上人生是指，勿為換取終究無關緊要的一時名利，而犧牲了重要關係，以及與最愛的人共處的寶貴經驗。

當人面對嚴重危及生命的健康危機時，最感遺憾的就是未能多陪陪親人。各位不妨做個實驗：試著與別人談談他的家人，看看他幾乎立刻會變得多柔軟。我發現這種反應無一例外。

哈佛名師、商學教授克里斯汀生（Clayton Christensen）是我的好友，他有一本著作的書名，就問了一個值得深思的問題：《你要如何衡量你的人生？》他敘述，一九七九年自哈佛商學院畢業後，同學各奔東西，滿懷在人生各方面都成功的夢想。當他去參加畢業五年後的聚會時，發現多數同學都已結婚生子，開始創業，也剛開始賺錢。到十年、十五年的聚會，很多同學事業已十分成功，也非常富有。

可是他驚訝的發現，其中不少人已經離婚，個人生活並不快樂。隨著時光流逝，許多同學不再與子女同住，與子女關係也很淡薄，因為大家四散美國各地。眼看事業上的成功，不見得會轉換為與當初一起展開人生的家人的和睦生活，他恍然大悟：

我可以向大家保證，他們當中沒有一個人畢業時，抱定將來會離婚、會疏遠自己生養的子女那種策略，可是執行那種策略的人卻多到驚人。原因何在？在於他們決定如何分配時間、才華、精力時，未把人生的目的放在第一位，放在最核心的位置。

克里斯汀生認為，關鍵在於「選擇正確標準」，以決定要如何衡量人生。他說：

在你想要成功的地方成功，確實很重要，可是那並非衡量人生的標準……我們太常以事業的進展來衡量人生是否成功。然而我們怎麼能夠確知，在人生旅途上不會偏離身而為人的價值觀？[5]

我外祖父史蒂芬．理查斯（Stephen L. Richards）的公私生活都很成功。他教導我的原則中，對我影響最大的，恐怕是強而有力的這一則：「人生是使命，不是事業。」

當我們努力發掘並善用自身的技能、信念、才華、熱情、能力、時間、資源：我們的一切，在這過程中終究會發現自我獨特的使命。當我們更常密切聆聽並遵循自己的良心，就會更有能力去察覺該幫助誰、該怎麼做，答案自會出現。

這意味著不要讓社交媒體、娛樂業、鄰居朋友、肉店老闆、麵包店老闆、燭臺師傅，甚至你的美容師，來定義你是否成功。成功對不同的人有不同的意義。你對成功的定義，必須與你的價值觀一致。誠實面對自己，展現正直品格。

有些普世原則是大多數人都知曉並接受，也超越文化及地理界線：誠實、公平、正派、忠心、尊重、體諒、正直等。就像羅盤所指的真北方，這些原則都屬客觀、外在，反映自然定律，而非主觀、內在的價值觀。

羅盤提供方向、目的、視野、觀點、平衡。個人價值觀愈符合正確原則，就會愈準確、愈有用。懂得看地圖，就不會因為相衝突的聲響和價值，而迷失、混淆或被愚弄。

發掘關於家庭、職業、社區，及所有你可

能扮演的其他角色，對你代表的目的及使命十分重要。然後你必須堅守那個目的。經歷人生的起起伏伏，尤其在中年階段，我們需要用道德羅盤指揮和引導自己。

實踐向上心態，是指你可以藉著改進或改變現狀，來掌控及回應個人遭遇：相信自己能做出正面抉擇，把思維模式由難挨、甚至停滯的中年，轉換為不斷擴展的充實人生。

確信「最重要的工作總是在前方等著你」，會激使你不斷嘗試、學習、改變、適應新挑戰及一時的挫折。相信這一點並主動回應，將把人生主控權交還給你，賦予你自繪精采人生藍圖的力量……不分年齡或是否處於中年階段。

要是你正面臨中年難題，那採取這種思維，就是關鍵所在。經驗告訴我，如果想對生活做些小改變，可以從態度著手。但是要做重大的主要改變，就必須從思維著手。思維就像眼鏡，我們是透過它看待人生。怎樣選擇眼鏡，將影響你對一切事物的看法。

要事第一

我經常教導人們，不要到生命終點，才發現你一直以來攀爬的成功階梯，居然靠錯牆壁！你必須負責並主動決定你重視哪些東西，並且把最重要的事，即長期而言真正的要事，列為優先要務。要事第一是《與成功有約》的第三個習慣；為對抗中年危機，這往往是該實行的最關鍵原則。它是行動與力量的原則。

向上心態倡導的概念是，不分年齡或人生階段，即使過去從未成功，但任何時候開始都不嫌太遲。就算你也許身不由己，只覺得贏不了中年這一仗，改變的力量卻完全操之於你。修補家人間破碎的關係、開始花更多時間陪伴親人，重新調整優先事項，永遠不會太遲。

著手恢復重要的關係，全看你如何選擇與決定，就算必須做一些損害管控，並事先為過去的行為或疏忽道歉也無妨。鼓起勇氣，拿出眼光，讓它成真。那將是你做過的最佳決定之一，你永遠不會後悔。扮演及維繫好生命中最重要的角色與關係，才會找到真正的成功與快樂。

前聯合國祕書長哈馬紹（Dag Hammarskjöld）曾說：「把自我完全貢獻給一個人，比辛苦奮力去拯救大眾更可貴。」政商高層也許全力投入工作，並為教會及社區活動奉獻，卻疏於經營與配偶深入、有意義的關係。比起持續盡心盡力為許多人服務，與配偶培養這種關係，需要更多高尚的人品、謙遜和耐心。

我們經常合理化忽略重要的個人，有部分原因在於，為「眾人」之事會帶給你許多尊敬與感謝。然而完全為個人空出時間很重要，尤其是子女。當你單獨與他們相處，而他們覺得真正獲得理解和關心時，會更加敞開胸懷。

我記得聽過一個故事。有位父親在暑假帶全家到各地度假，包括參訪一些重要的歷史景點。暑假結束時他問十來歲的兒子，最喜歡哪裡。兒子沒有選那些去過的重要地方，只是說：「今年暑假我最喜歡的，是你和我一起躺在草地上，看著星星聊天那一晚！」

當這個父親體認到，做什麼活動並不重要，重要的是過程中的感覺，他的思維產生極大變化。原來他一直有能力給兒子很珍貴的東西，甚至不必走出自家後院，也不必花一文錢！

最重要的事絕不可受制於最不重要的事。

——據說出自歌德

以上這些與追求向上人生有何關聯？特別是在經常不好過、有時甚至像打仗的中年階段。很多人覺得這段期間受到太多力量的拉扯，必須很費力去守住自己重視的優先要務。你必須成就一番事業，達到世人心目中的「成功」，還得在一定的年齡或階段完成，那是很大的壓力，將導致偏離（扭曲）人生真正最緊要的事物。「不能被別人比下去」，以及要為「我和我的」獲取更多，向這類社會規範投降是人之常情，為抗拒這種傾向，你我需要不斷努力。

儘管個人或家庭有許多重要需求：舒適住家、教育機會、交通、娛樂等，不過人們最需要的是時間、愛與關注。

努力扮演好最重要的角色

每個家庭的情況都獨一無二，你在家中也可能扮演許多角色。你也許不是父母，不過身為子女，你對健康可能出問題的年邁雙親，可能是幸運的福星。我知道有個單身女性，與母親同住，母親有糖尿病，心臟也不好。她十分認真扮演女兒及照顧者的角色，她犧牲自己，也很少外出與朋友相聚。有個住在外地的姊妹，每年會來兩次，每次停留兩天，好讓她喘口氣。不過這女兒知道，陪伴母親的時間來日不多，她很滿足於在家裡愛護和照顧母親，家是她最快樂的地方。[6]

或許你有個兄弟姊妹不走正路，而鼓勵、忠告或某種服務，對他會很有用。也許你無兒無女，但你是阿姨或叔叔，你只要表現出關心姪兒或是外甥女，就可能對他們極具影響力，比方去看他們的球賽、表演，自願帶他們去上音樂課，或參與他們學校的特別活動。

我認識一個很盡責的弟弟，他努力支援單身獨居的姊姊珍妮。由於年老的父母住在四小時車程外，身體又不好，對照顧女兒心有餘而力不足。珍妮與其他手足感情失和，她經常不加思索，說些不顧他們感受的話，有時還會占他們金錢上的便宜。

好在弟弟布雷克主動與珍妮保持聯絡，每週打電話或發簡訊給她，也協助她找工作、在她健康出問題時伸出援手，或只是詢問她的近況。布雷克的妻子同樣支持珍妮，有許多家庭活動一定邀請珍妮參加，尤其是假日或特殊活動。因此珍妮在弟弟的家庭聚會上很自在，也與其子女關係良好。

最近布雷克邀請珍妮在她最喜歡的餐廳與家人一起慶生。珍妮坦承，要不是弟弟有此安排，她生日當天會獨自待在家裡。幸好有可貴的家庭連結，布雷克也重視當弟弟的重要角色，努力參與珍妮的人生，否則她將經歷多麼不同的人生。[7]

我向來相信，也教導人們，人生最重要的工作，一定是在自己的家庭圈內，那也是你終將發現持久快樂與滿足的地方。

當醫師、律師、企業領導人，善盡義務固然重要，不過你首要是盡到人的責任。與配偶、子女、朋友的人際連結，是你一生中最要緊的投資。到生命終了時，你絕不會後悔未多通過一次考驗，未多贏得一次判決，或未多做成一筆生意。你會後悔未多與丈夫、朋友、子女或父母相聚……整體社會是否成功，並不取決於白宮發生什麼，而是你家裡發生什麼。

——芭芭拉．布希（老布希總統夫人）在衛斯理女子學院對畢業生演講8

無論哪些角色對你來說重要而有意義：在家庭、當導師、當可靠的朋友、在工作與事業上、在貢獻社區上、為值得的目標出力等，這些角色都適於用來衡量成功。這麼一來，你重視什麼及如何回應，將決定你的成功，而非取決於社會的定義，或與他人比較你是輸是贏。當你用心扮演好人生最重要的角色，那你對成功的定義，就能符合你的價值觀。

當你忠於自我價值觀，就是做到了誠實正直。

在衣索比亞的診所裡，「里克醫師」沒有看X光片的燈箱，於是他想出克難方法，把片子對著閃亮的陽光，就能看得很清楚，得以診斷每天免費來看病的眾多病人。衣索比亞的殘酷現實是，每四萬人只有一位醫師。里克有許多病人來自偏遠村落，要跋涉數百英里，有時得蹲坐在卡車後側，到他只有一間診療室的診所來看病，那是德蕾莎修女在首都阿迪斯阿貝巴的傳教會。里克檢視病人，做出診斷，然後發揮創意，設法取得藥品、做手術、給予必要的特殊照顧，這些全要靠別人慷慨出力，去募集經費，也要靠熱心公益的醫師來開刀。他使出渾身解數協助病人，因為他知道，他可能是病人活命的唯一希望。

里克．霍茲醫師（Rick Hodes）是南加州長堤人，最早在一九八四年衣索比亞鬧饑荒時，以救難人員的身分去賑災。他立即被眼前所見、亟需人道援助的工作所吸引。在發現德蕾莎修女的傳教會後，他不斷回去幫忙，最後定居下來。二〇〇一年，單身、中年的霍茲決定收養兩個孤兒，以便這兩個孩子可以用他的保險接受手術。他回憶，他邊想邊禱告，「我得到的回答是：上帝會給你機會協助這兩個男孩。不要拒絕！」

霍茲的專長是癌症、心臟病和脊椎問題。他安排美籍醫師為許多顎裂及其他臉部畸形，還有別種疾病的病人免費動手術。他樂於讓許多孩子住進他在阿迪斯阿貝巴的簡陋房子，同一時間可容納多達二十人。他收養五個孩子，那是衣索比亞允許的上限。他只有一句話：「每當空出半邊床墊，我就多讓一個孩子進來。」

費希（Irving Fish）擔任紐約大學醫學院小兒神經科主任時，曾參觀霍茲工作的傳教會，他對霍茲全然無私的奉獻，及解決醫學難題的神奇能力感到吃驚。費希說：「里克留在美國執業可以做得很好，他卻選擇去做加倍困難的事。我從未見過像他這種人。他是個熱心的診斷專家。他只靠自己、聽診器、頭腦和善心。」

大多數美國人覺得熱水和可靠的電力是理所當然，但是霍茲的生活中沒有這些便利。他對自己居住及服務的整個區域，做出極大的健康貢獻。他的事蹟啟發了電影工作者、作家與新聞媒體。他的個人信條取自猶太教法典《塔木德》中他最喜歡的一段，從中可以看出他以什麼為優先要務：「拯救一個生命，就如同拯救整個世界。」[9]

霍茲在中年階段，忠於自己的志業：為弱勢社區服務。對這最重要的角色他極為稱職。在他看來，人生絕對是使命，而非只是事業。

掌控並動起來

好多年前，我無意中看到一個很厲害的概念，那對我確實有改變人生的作用，也從此影響我的想法。雖然我無法追溯其來源或作者，不過這概念基本上是說：

在刺激與反應之間，有個空間。我們在那空間裡，有選擇回應的自由及力量。成長與快樂就在那些選擇當中。

中年階段向上心態的第二原則很清楚。處於中年掙扎中，像是生活一成不變，或需要改變有害的行為，改進或再造自我、人際關係、事業，此時請承認它，掌握主控權，採取行動，做出正面改變。

某中學校長尼克斯（Ernie Nix）體重一百八十公斤，每次穿越校園走廊總是累得不得了。他的膽固醇高達四百四十，血壓二二〇／一一〇，醫師說，照這樣下去，他會死得很痛苦，或許不出五、六年。[10]

尼克斯承認：「如果我要對任何人有點用處……如果我要領導學校走該走的方向……我這個領導人需要改變，絕不能一直是這個體重。」

尼克斯決定負起責任，好好改變生活方式，以管控個人健康，最終是掌握個人前途。他早上四點半起床，五點到六點繞操場步行，在忙碌的行程下，這是他唯一能夠改變生活方式的時段。除去增加固定運動，他也加入 Weight Watchers 減重公司，接受指導與支持，再來就是完全改變飲食習慣。尼克斯的妻子健康狀況也不太好，所以跟他一起實行新生活方式。

儘管過程十分緩慢，又要嚴守紀律，好在最後終於見到成果。尼克斯第一年就減掉將近八十公斤，這激勵副校長、祕書、清潔主任、某些教師、一位輔導老師也跟進，他們全都減掉不少體重。尼克斯要做好榜樣，他給學生比較健康的午餐選擇，也讓體育課更為有趣，更有競爭性。他最大的回報之一，是有個好久不見的學生突然停下來，滿臉笑容熱切的高喊：「校長，很酷喔！」

減掉近七十公斤後，尼克斯開始跑步，後來還去跑馬拉松，《跑者世界》雜誌甚至刊出他的專訪。兩年後，他總共減掉一百公斤（妻子減掉四十五公斤），使他有更多精力和熱忱可放在學生及校務上。多年來，他首次感到健康且快樂。

尼克斯運用刺激與反應之間的「空間」思考，改變習慣，最後救回自己一條命，也振奮周遭的人。借用他的話：「我選擇不要變得悽慘，那確實是可以選擇的。」[11]

要是你覺得步入中年前途茫茫，好消息是，你還有很多事可做；你可以轉彎，改變，進步。正如尼克斯的心得，個人行為是自我選擇，而非外在條件所造成。你有力量再造自己，好讓最美好的人生在前方等著你。

成功的事業偶爾也會發生意外，令人被迫完全轉向。

有家公司的老闆史蒂夫突然發現，他被合夥人趕出自己二十年前創辦的公司。四十六歲的他很灰心，失去工作，又要養活一家四口，不免為前途擔憂。經過仔細考量，他決定轉換跑道，在四十七歲時去讀法學院，年齡高居班上第一。

史蒂夫記得，入學幾個月後，他在一個酷寒冬日的清晨五點，開車進入學校空曠的停車場。天色漆黑，天寒地凍，一個可怕的念頭像烏雲般閃過心頭：「我在幹什麼？」還有好幾年書要念，以他的年紀，他不得不感到懷疑與焦慮。這些失敗的想法幾乎使他動彈不得。他力抗恐懼，再次下定決心，無論前面的路多艱難，一定要堅持到底。他決心只向前看，追求新的未來，抱著勇氣和樂觀大步前進。

史蒂夫不分寒暑的苦讀，最後以兩年半時間畢業，四十九歲時開設自己的律師事務所。不出幾年，業務就蒸蒸日上，在這令人滿意的新事業，案子多到接不完。[12]

不斷向前行

雖然中年可能遭遇意外的「延音」，但是請勿氣餒、放棄或退卻。憑藉新發現的向上心態思維，你明白，你還能譜寫及演奏許許多多交響曲。儘管人在江湖，往往身不由己，但是你總能著重於自己可掌控的部分，樂觀的望向未來，鍥而不捨的努力，相信自身處境終有改善的一天。請善用刺激與反應之間的空間，退一步，檢視狀況，重新啟動，做出明智選擇。

在事業中途，對工作感到不滿的例子很多，原因是跟不上新實務、做法、訓練或技術。厭倦乏味或得不到成就感，並非事業停滯或想要改行的唯一理由。癥結經常在於他們未花費心力跟上所選領域的最新發展，並維持勝任能力。

你也許需要自我改造，重回學校進修，重新找到熱中的事物或天性喜好，並結交能助你大幅轉換跑道的人。我們需要不斷進步，以免落伍遭到淘汰。

切記，當下並非永久！一旦度過危機，你或許會領悟，這段過程學到的心得，才是人生旅程最可貴的部分。

> 我所知最鼓勵人心的事實，便是人類確實具有刻意努力以增進人生的能力。
>
> ——據說出自梭羅

雖然我身處其中時，曾經歷個人的挑戰，不過當時並不認為那是「中年危機」。我拿到企管碩士後，覺得個人熱愛與擅長的是教學，所以並未接手經營不感興趣的家族旅館事業，反而接受一所私立大學的教職。我喜歡教學生新觀念、新思想，讓他們用於個人生活及將來的事業。我開設各種商業與組織行為課程，長達二十年以上。教課約十年後，我又修完博士學位，那確實擴大我對人類發展領域的認識。

一九七〇到八〇年代初，我開始在美國各地為領導人和組織擔任私人企業顧問。我喜歡把在課堂上傳授的原則，直接應用在聘用我的許多公司上。約在此時，組織行為系的同仁推舉我為正教授，我甚感榮幸且興奮。可是系主任投下不同意票，並且影響系委會不給我正教授一職，因為我完成的研究或學術發表尚不符合升職的條件。

我大失所望，因為我覺得自己真正的熱情和使命在教學，不在研究。雖然我不斷在自己專長的領域閱讀寫作，也開始探究後來寫成《與成功有約》的素材，可是我對在系上學報發表論文興趣不大。我也持續承擔很重的教學工作，每學期要教十二到十五學分，而大多數教授只要教六到九學分。不過我明白，要在大學出頭，研究和發表十分重要，所以我必須認真重新思考個人選擇。

我開始做更多企業顧問工作，要兼顧教學和出差，又要協助內人珊德拉養育年幼的兒女，實在忙不過來。但是向公司高階主管教授我稱為「以原則為中心的領導」，而他們可以把我的領導理念直接應用到員工和組織上，這很令人振奮。於是在大學任教二十年後，有感於工作進展有限，是該改弦更張的時候了。

珊德拉和我左思右想，最後決定大膽自行創業。以五十一歲的年紀，放棄固定穩當的薪水，風險不小。可是我知道，我想創辦自己的顧問公司。我們決定抵押住家和小木屋去貸款，以設立新公司：史蒂芬柯維事務所。珊德拉與我共同做此決定，她完全相信我會經營成功。對彼此人生做這麼大的改變，她給予我所有必要的支援。當時有幾個孩子住在家裡，有幾個去上大學，我們知道必須勒緊褲帶，做出許多犧牲。不過我倆都覺得時機到了。

事後證明這決定很正確。全職擔任企業顧問，以有別於過去經歷的方式，大大增長我的專業技巧與能力。

經過十年蒐集整理素材，西蒙與舒斯特出版公司又願意冒險，替默默無聞的作者出書，於是《與成功有約》在一九八九年出版。從此事業真正起飛。我夢想成真，到全世界宣講，我相信是各文化與民族的固有核心原則。

我內心始終自認為是個老師，不過當年要是未曾自大學出走，我絕不可能有機會接觸到那麼多人。我一直對那段教學歲月心存感激，那是我自己中年轉業，走入顧問及寫作事業（追求向上人生）的基礎。

我之所以在此分享個人經驗，是因為要找出個人的熱情、才華或人生使命並非易事。可能需要一點時間及相當的努力，才得以發掘你擅長及想要做的事。

然而掌控原地踏步的人生，主動勇敢出擊，做出正面改變，這很重要。就像音樂漸強符號<，值此中年階段，你應該繼續進步成長，擴大視野和機會，預期學習及完成新事物，為人生下一個精采的機會做好準備。

CHAPTER

2

樂在服務

不要找尋大事，只要用大愛做小事。

——德蕾莎修女

熱愛為他人服務，是追求向上人生的一個重要特質。不論處於哪個階段，樂在服務的人是向外看，察看自己能滿足的需要。小小善行雖屬平凡，看似不重要，卻可能對別人很有價值。

為服務做小事，很像是播下芥菜種子。芥菜的種子極小，肉眼幾乎看不見，可是種下去後，會成長茁壯為最大的草本植物。一顆芥菜種子長成高高的大樹，大到鳥類在其樹枝上築巢。服務機會也是如此。只要用心去找，比比皆是，而且許多小服務會產生大成果。

表現感恩

養成對所有發生在你身上的好事表達感恩的習慣，時時把謝謝掛在嘴邊。鑑於你的進步全是種種因素促成，所以感謝對象應遍及萬事萬物。

——愛默生

一旦你開始覺得人生虛度，此時弔詭的是，你最正確的態度，是承認並感恩自己擁有的一切。追求向上人生，就要不斷展現謝意，即使在你覺得沒什麼可謝時。轉換心態，由自哀自憐，轉為向外看並心存感激，具有療癒甚至脫胎換骨的作用。

樂在服務的第一步，是望向外面的世界。即使處於中年頓挫期，這麼做也能看到值得感謝的對象。感恩，可以讓我們以不同角度看待自身的困境。

克萊里克（John Kralik）五十三歲時發現，他的人生處於令人驚惶不安的低潮。他的小律師事務所經營不善。他正經歷痛苦的第二次離婚。他與兩個較大的子女日漸疏遠，又擔心與小女兒也會失聯。他住的小公寓冬寒夏熱。他體重超重近二十公斤。女友剛與他分手。整體來說，他的人生夢想似乎永遠遙不可及。

克萊里克前女友為感謝他的聖誕禮物，寄來一張美麗的小卡片，這給了他靈感。他心想也許寫謝卡，可以讓他生出感恩的心。他為督促自己不間斷定下目標：未來一年內不論發生什麼，共要完成三百六十五張謝卡。

他開始手寫謝卡，一天一張，感謝從親人、同事、過去業務往來對象，甚至敵對律師，或是大學同學、醫師、店員、工人、鄰居等處收到的禮物或恩惠：任何人，絕無地位之分，只要對他有恩，一律感謝。

他送出最初數張謝卡後不久，意外的重大好處紛紛降臨：從財務收穫到真正友誼，從體重減輕到內在平靜。克萊里克寫這些卡片時，經濟崩潰，他事務所對面的銀行倒了，可是一張張謝卡扭轉他整個人生。出乎意料，當他向外看，並對生命中的貴人表達真誠謝意時，他發現內在獲得療癒，並且能夠再次樂觀看待未來。

克萊里克律師在加州執業三十年後，達成夢想，獲任命為洛杉磯高等法院法官。距人生最低潮僅兩年後，他出版他如何克服「中年危機」的故事，書名《簡單的感恩行動：學會說謝謝如何改變我的人生》（*A Simple Act of Gratitude: How Learning to Say Thank You Changed My Life*）。他傳達簡單的訊息：在生活中積極尋找理由，以便用誠懇的手寫卡片向他人表達感謝，那啟發了無數讀者，同樣受惠於這種舉動。我們從小學習要說謝謝，不過在如今數位時代並不多見的手寫謝卡，卻意外特別受重視。[13]這正是向上心態的思路，當你把重心從自己轉移到別人身上，你的人生及影響力會擴大，正如克萊里克的體會，各位最好的歲月還在前頭。

一生以服務為志業的德蕾莎修女，深知感謝並回報捐贈者多麼重要：

有一天，有個乞丐跑來對我說：「德蕾莎修女，大家都捐東西給你濟助窮人。我也想捐。可是今天我只能討到十便士。我要把這些給你。」

我對自己說：「如果我收下，他可能必須餓著肚子睡覺。我不收又會傷害到他。」所以我還是收下。我從未見過捐錢或食物的人，臉上有如此喜樂的表情。他很高興他也能捐獻。14

如此貧窮的乞丐，做出這看似微薄的捐輸，恐怕他自己的幸福感會多於受到濟助的人。不過他的感恩態度明顯可見，他為能夠捐助比他更不幸的人感到真正的喜悅，他滿懷感恩的心態。同樣的，你若能為自己擁有的一切找到表達感謝的方式，那你即使處於中年危機，我也保證你會發現向來以為不可能的滿滿喜樂，也會深切體認該如何改善自己的情況。

知恩圖報

好人人生最美好的部分，在於匿名、水過無痕的小善舉與愛心。

——英國詩人華茲華斯

要是你正身陷於中年困境，等待著好事發生，那請暫且忘掉自己和自身的難題，走出去服務別人。協助或鼓勵他人，即使不是什麼大事，也可以減輕對方的負擔，鼓舞其精神，使你自己也跟著振奮起來。

有對夫婦召集了一小群人，替某個鄰居打掃房屋及院子，這鄰居境況悽慘，需要別人給她一點希望。他們趁鄰居外出時，辛苦工作數小時，把她的房子和院子變得窗明几淨。鄰居回來時感到很意外，也很感謝，便在臉書上發表這則感人的貼文：

由衷萬分感謝各位「打掃精靈」，決定今天光臨寒舍。不論你們是誰，勢必不止一個人，才搬得動我的冰箱！言語無法表達，生命中有你們這些朋友，我是多麼感恩與幸運。今晚我進門時哭了。我感受到的愛讓我潰堤。你們真正懂得服務的意義，我再怎麼也無法表達對各位的感激之情有多深！你們減輕了我的重擔，因此我從心底感謝各位。15

除了對受惠者的人生產生正面影響，且試想這對發起行動那些人會有什麼效應。有時認真去找，會找到情況比自己更困難的人。雖然不知這對年輕夫婦面臨什麼個人挑戰，但是使生活不易的鄰居減輕負擔，必然也會把喜悅帶進他們的生活。有些東西是金錢買不到，你也不會嫌多的。為別人付出，不求任何回報，那本身就會帶給你回饋。

當你應對艱難的挑戰時，請想像對處境類似的人伸出援手，是什麼感覺。向上心態的思考方式，包括確信「你最重要的工作還等在前面」，所以別人有困難時，要積極去協助他，尤其如果你也受過別人幫助，更要這麼做。

費埃洛（Jorge Fierro）在墨西哥奇瓦瓦州長大，從小夢想要到美國去做生意。幾年後他終於越過邊界時，單身一人，沒什麼錢，一句英語也不會講。他第一個工作是在德州埃爾帕索挖水溝，時薪一美元。後來他到懷俄明州去牧羊。可是他知道，除非學好英語，否則無法達到自己設下的高目標，同時他非常努力工作，為有一天實現美國夢做一切必要的事。

費埃洛聽其他移民說，如果能到鹽湖城去，那裡有許多現成的課程可以學英語，於是他想辦法來到猶他州。剛到時舉目無親，馬上變成遊民。不過他很快就發現，當地居民心地善良，總會有人給他食物。費埃洛在救援之家待了兩個月，開始學英語，靠最低工資打工洗碗養活自己。

有一天他實在很想家，渴望吃一餐正宗的墨西哥豆子飯，可是買現成的實在難以入口。他欣喜的想起母親美味的花豆食譜，決定做一些到市中心農夫市場去賣。人們試吃他稱為鍋燒「De La Olla」的道地豆子，反應令他頗受鼓舞，就繼續多做一些，賣給幾個再度光臨的顧客。費埃洛很快成為農夫市場的固定賣家。他也開始自製道地的墨西哥捲餅，連同其他墨西哥人最愛的餐食一起銷售。

他亟欲分享各式各樣口味豐富的家鄉菜，稱得上是墨西哥文化和食物的大使。他一點一點擴大生意，從花豆、捲餅，到玉米薄餅、米飯、莎莎醬、鱷梨沙拉醬，最後共有七十五種以上產品。

如今這些產品打著 Rico Brand 名號，每週送至他家附近的近百家超市、咖啡館和餐廳。這些年來 Rico Brand 生意興隆，已成為數百萬美元的企業。

有些朋友向費埃洛提議響應全國性活動「捲餅專案」（The Burrito Project），它不帶政治或宗教色彩，旨在提供食物給世界各都市的饑民和遊民。當時正值中年階段的他立刻答應參加，因為他看重服務是他最重要的角色之一。以自身當過遊民的經驗，他曾立誓有一天要回饋他人。費埃洛時刻不忘要「傳承報答」（pay it forward），還在手臂明顯處刺上這句話，以明心志。如今有此協助遊民的良機，他便創設「鹽湖城捲餅專案」（Burrito Project SLC）。

這個專案的志工以 Rico Brand 配送倉庫為基地，在二〇一二年四月到十二月，每週製作及分送六百到一千份豆子飯捲餅。在費埃洛指揮下，倉庫裡備好新鮮玉米薄餅、米飯、豆子。然後志工齊聚，用錫箔紙包好捲餅，放在冷藏箱或保冷袋裡，保持溫度。另外有志工開車、步行或騎自行車，分送那些捲餅，每天最多可達五百份。

自二〇一二年以來，已有數百名志工付出時間及服務，使這獨特的人道計畫大為成功，也不負專案的使命：「一次一捲餅，致力於終止饑餓。」鹽湖城捲餅專案從二〇一七年起，每週四天（週一到週四），製作並送出九百到一千四百份熱騰騰的營養捲餅，超過北美其他三十個實行捲餅專案的城市。

費埃洛解釋他的動機：「我們往往不知道自己有多幸運。我曾經渴望在美國成功，也很感謝不時出現、幫助我成功的人。」

捲餅專案有其獨到之處，因為任何人都能參與及貢獻，不必有錢也能出力：為專案捐出時間。費埃洛相信，這個計畫對遊民人口有影響，因為，「最要緊的……除了給他們食物，就是讓他們知道我們關心。」[16]

這項服務對費埃洛和其他參與者的好處，不下於受捐贈者，原因在於這使他們關注有困難的旁人，而非本身難題。追求向上人生可以轉換為：看見需要，傳承報答，不問本身狀況去做回饋。這些是助你克服中年挑戰的關鍵要素。當你向外看，去造福人群，你也會找到解決本身難題的方法。

感恩不能做為回報；你只能在人生其他地方做「同樣的」付出。

——安妮．莫洛．林白（Anne Morrow Lindbergh），《由北線飛往東方》（*North to the Orient*）作者

勒斯塔吉（Brian LeStarge）之所以以教書為業，是為了想要點燃學生對他熱愛的科目——科學——的興趣。他喜歡盡可能多設計些需要動手的實驗，讓他教的八年級學生親自去做。他知道學生要是能夠實驗物體運作的理論和法則，就可以從把科學轉為行動的過程獲得樂趣。

他如此解釋他的理念：「我覺得我當國中老師的職責，就是吸引學生愛上我教的科目。我必須使這一科更有趣以吸引他們……我一直注意那些孩子是否喜歡上這門課，也用心保持教學熱忱。」

他讓學生「愛上」這門學科的方法，就是教他們自己做火箭，到學校的後草坪去發射，測量火箭飛行的距離，討論為什麼有的火箭飛得比較遠。這是每學年的重頭戲，學

生彼此競爭激烈，一心想製造合適的火箭，以贏得最受重視的「飛得最遠獎」。學生也會在老師監督下，在教室裡用特定化學物引發爆炸，他們也很喜歡找出會產生爆炸的正確組合。勒斯塔吉老師很受歡迎，因為他真正關心學生，記得學生的名字，以好玩有趣的方式分享他對科學的熱愛。[17]

不過教學多年後，步入中年時，勒斯塔吉開始懷疑到底是否做到改變學生對科學的觀感，而那是否影響到學生的未來。他發現，就他設定的目標，很難看出真正的成果。由於正面回饋不多，他感到氣餒，開始忘記當老師的初衷。

幸好約在同時，他意外獲得一群家長推薦，得到學區內頗負盛名的教學獎。勒斯塔吉不清楚那些家長是誰，不過家長很清楚他對孩子的影響。很多畢業生曾寫到，他們大學時會攻讀科學相關領域，是直接受到這位老師的影響。

他得獎後，他的妻子寫下這段話，向所有參與這件事的人道謝：

> 再多感謝也不足以表達對推薦外子獲得此教學獎的謝意。得知有人肯花時間及心力推薦他，實在意義重大。他多年來兢兢業業，可是坦白說，這是個耗盡心神的工作，卻得不到什麼功勞或尊敬。他最近才對教職產生無力感，甚至打算在那麼多年後轉換跑

道，所以這個獎來得正是時候。獲得此獎讓他知道，他教學認真，其實影響了太多學生的人生，讓他重新燃起鬥志。他向來盼望他對科學教育的奉獻與熱忱，能夠感染他人，如今他看到確實的成果。請向為此次推薦出力的每個人轉達我們深切的謝意。[18]

此後，以前的學生三不五時會突然出現在勒斯塔吉的教室，感謝老師的影響，每每激勵他繼續堅守教學崗位。

有個學生上他的課十年後，自大學機械工程系畢業，並找到相關領域的工作。她回來告訴老師，他的教學如何影響她的人生。她說：「我希望老師知道，我大學主修和後來的工作，是您點燃的火苗……您播下的種子成長……為熊熊烈火。您實在太棒，我受益無窮。」[19]在教書二十七年後，聽到這番話還是很高興。

前面說過，很多人在中年階段，根本不知道自己對別人的人生其實貢獻很大，因為直接影響可能不是立刻看得到，也可能是得不到可以反映正面影響的必要回應。很多人喜歡跟人比較，以衡量自己是否成功，然而真正的成功，不見得只是看表面。需要有人承認受到別人的正面影響，並有所回報，才會產生真正的成就感。一次成功通常會促成再一次成功，一次次接續下去，善舉就隨處可見。

服務有種種不同形式。請謹記，中年階段追求向上人生的第一原則，是用心扮演好最重要的角色。貢獻服務的人經常不清楚自己對他人的生活有何正面影響，那影響後來卻反映在本身「真正的成功」上。以下幾個例子，便是平凡的中年人做不平凡的事，從而造福別人。

有個女子說了這樣一則故事：「我母親在雜貨店被一位老人家攔下，他認識她的母親史密斯太太，也就是我的外婆。他想分享外婆如何影響他的人生。他說，他與弟弟由酗酒的父親養大，童年十分辛苦，非常不快樂。他母親在他很小時就離家，他已記不得她了。他們住在市外一棟破房子裡，很少有客人來。可是每年在他生日這一天，總會聽到敲門聲，打開門只見史密斯太太端著生日蛋糕！從小到大，唯一為他做過生日蛋糕的人，就是史密斯太太。她也是老人生命中，唯一讓他覺得自己很特別並受到關愛的人。她是艱困歲月中的一線光明。老人回憶，多年後，他對童年的所有記憶，以此事最為突出，也使他對自我感覺大大改觀，而能夠在後來為自己和自己的家庭，重新開創更美好、更快樂的人生。」[20]

再看蘿彬，她是有愛心又積極的家長會會長，她子女就讀的高中，有來自三十國的一百多個難民。她發現，許多難民學生因為太餓，在課後輔導時無法專心上課。經校方允許，她清出學生餐廳的一間舊儲藏室，請家長認捐即食食品，學生在放學後，就能拿取為他們準備的營養點心。有一天，有個男學生突然問她可不可以帶一些回家給弟妹吃，這促使蘿彬把數量有限的點心，擴大為堆滿整間儲藏室。附近社區回應她的請求，送來罐頭食品及補給品，不久後，志工與捐助者紛紛出現，幫忙存放及分送食物給有需要的學生。

這地方後來變成規模大、效率高的供應室，每週送出數百個罐頭、衛生用品、食品店捐出的多餘麵包及烘焙品，還有需求量一向很大的新鮮蔬果。蘿彬原本的小點心室，現在已是高效營運的社區食物中心，目前每週一次或兩次，服務一百多個難民家庭。正如芥菜種子，這計畫從小處做起，逐漸成長為規模大、需求也大的服務。21

為愛而做的服務，有不朽的詩意在其中。

——美國廢奴主義作家史杜威（Harriet Beecher Stowe）

為有亟需的人提供服務，方法不下千百種。有個婦人為送餐服務做志工，同時帶著年紀稍大的子女一起做。她希望子女從服務中遇到可敬但有時被遺忘的老人家。那些長者在晚年需要協助，也渴望友情。有個忙碌的律師，利用週末時間做志工，免費協助遊民解決法律問題，好讓他們能夠取得必要的資源，找到合適的工作，開創更好的未來。也有人開著行動淋浴及剪髮卡車，免費提供服務給需要改善衛生的人，使他們因此增進求職的信心與能力。[22]

有個母親從兒子麥克那裡得知，他的新同學提傑從來不帶午餐到學校，有時中午只買一包洋芋片。她發現提傑沒有母親，父親竭盡全力兼顧兩份工作以扶養三兄弟。提傑與麥克都是籃球校隊，所以這母親知道，放學後接著馬上練球，提傑一定是空著肚子。從那時起，她每天替孩子準備午餐時，一定多做一份，由麥克帶去給提傑。她從不嫌多準備一份餐點麻煩，她知道，提傑會像麥克一樣，從營養豐富的午餐中受益。

從國中到高中，她一直為提傑做這舉手之勞，兩個男孩在球隊裡也一直是好友。有一次有人問起提傑的家人，他驕傲的說：「噢，我有媽媽照顧我。」她的服務雖說不大，卻與提傑建立了緊密的感情牽繫。看著他一年年進步，她感到十分欣慰。[23]

如果餵養不了一百個人，那就只餵養一個。

——德蕾莎修女

服務別人不見得一定容易、方便或愉快，但是服務的需求很大。中年階段保有服務心態，可以增進自尊、感恩，並豐富自我人生及服務對象。「兒童保護基金」（Children's Defense Fund）創辦人兼董事長艾德曼（Marian Wright Edelman）有這番深入的見地：「服務是你為存在所付的租金。它是人生真正的目的，不是有閒暇才做的事。」[24]

多麼強大的想法：服務是人生真正的目的。就像上述「以大愛做小事」的例子，你也有力量和能力樂在服務，在服務過程中你嘉惠他人，也嘉惠自己。

我睡時夢到人生是歡樂。
我醒來看到人生是服務。
我行動而目睹，服務是歡樂。

——泰戈爾[25]

這些年來我問過很多人，誰是影響他最大的仿效對象或導師，幾乎人人都可脫口而出：某老師、親戚、朋友或領導人，曾深深影響自己的人生。努力扮演好導師這個重要角色，尤其在中年時期，是影響別人很有用的方式。當你設法提升別人，助他實現潛能，或許無意中也實現了你的潛能。再看另一個我們定義為中年「真正成功」的例子。只有家人和密友知道，克萊皮爾（Michael Clapier）在養家之餘，已指導過近兩千個男孩。多年來，他利用閒暇時間，免費指導需要增進摔角技巧並建立信心的孩子，讓他們有實力參加國、高中及協會級的比賽。他鼓勵孩子不斷進步，使他們對前途有正面期待，即使小小的成功，也要像是自己的孩子一樣好好慶祝。

他與妻子琳達也會帶一些學摔角的孩子回家，給他們在自家享受不到的愛與關懷。有些男孩在家裡沒地位，有幾個甚至遭到父母忽視。克萊皮爾夫婦有六個子女，這些男孩也渴望得到愛與關注。琳達總是讓他們感覺受到歡迎，也經常邀他們來享用家常菜，與全家人一起度過假日或重要節慶。

他們夫婦並不富裕，可是不管本身經濟狀況如何，看見別人有需要，就十分慷慨的伸援，分享自己擁有的一切。他們不求名聲，自動自發，看到孩子欠缺運動服及裝備，就會出錢購買，也固定提供幾個孩子食物好些年。克萊皮爾夫婦變成許多男孩的「再生父母」，也贏得這些缺少指引及信心的弱勢男孩的愛與感恩。

有個受過摔角指導的男孩，他父親懊悔的對克萊皮爾說：「你花在協助我兒子摔角上的時間，比我這個爸爸還多。」克萊皮爾夫婦投注心力的直接成果，是這些「養子」

都長成傑出青年，有能力在社會闖蕩，並過著充實人生。他們幾年後都大學畢業，結婚成家，如今事業成功，在他們成長歲月貢獻良多的克萊皮爾夫婦對此感到非常滿意。

多年前兒子參加摔角比賽時，克萊皮爾遇見優秀退休教授路易斯，他原是麻省理工學院的工程教授。他們同行時，克萊皮爾發現，路易斯已七十二歲，離婚，獨居，無親屬住在附近。克萊皮爾家立刻接納了他，有許多星期天、假日、生日是與他一起度過。路易斯受到克萊皮爾的成年子女、配偶和孫輩的關愛與重視，大家都喜歡與他在一起，把他看成是養「祖父」。他則教家中男孩數理化，並以自己的人生經驗指點他們。

路易斯九十二歲過世，有整整二十年，都是克萊皮爾家重要的一分子，他在那裡感受到關愛與珍惜。路易斯經歷了多麼不同的快樂人生，那是他過去從未擁有過的經驗。要是他不曾被這種家庭接納，那他絕不會知道人生可以如此。26

這是真正的成功嗎？毫無疑問。向上心態觀點提醒我們，真正的成功並非表面上或他人眼中所見。克萊皮爾家享有富足的家庭文化，是世間所有金錢都買不到的。除了教養出自家六個出眾的子女，還有許多其他人的人生，拜他們夫婦之賜而變得豐富，因為他倆也在意要扮演好鼓舞人心的導師。有些看似「成功」的人，若有機會易地而處，也許巴不得能獲得這種成功。

你最重要的工作還在前方

鄉村音樂明星葛斯．布魯克斯（Garth Brooks）在事業最高峰時，無預警於二〇〇〇年十月宣布退休，震撼樂壇。當時他已四度獲得美國鄉村音樂學院獎的年度最佳藝人。一九九七年，HBO於紐約中央公園舉辦的直播特別音樂會中，他就在百萬觀眾前表演。他唱片銷售量高達驚人的一億張。[27]

儘管專業上如此成功，他卻面臨私人難題。母親可琳是他最大的支柱，卻因癌症去世。他與妻子珊蒂的婚姻也即將結束。不過最令他頭痛的是，他覺得與三個年幼女兒日漸疏遠。他遺憾的說：「是別人在扶養她們。」他明白仍有「重要的工作等著他」：養育女兒；他必須重視他最重要的角色：當父親。「一切都告訴我，我必須陪在孩子身邊……有人問我：『你怎能放棄音樂？』可是沒有任何事比得上當爸爸。」[28]

於是在三十八歲，剛進入中年全盛期，他勇敢聽從內心想法及當父母的本能，離開風光的音樂事業，開始另一項事業：養育女兒……一做就做了十四年。

他從不後悔。他與前妻合作，讓三個女兒每天都有父母相伴。他變成親力親為的父親，為整個暑假規劃活動，像是建造橫跨自家土地的五十英尺橋梁。當他們合力完成這項壯舉，女兒們十分引以為傲，她們培養出無所不能的信心，而他自知確實在撫育女兒，心中倍感滿足。

二〇〇五年，他與歌星崔夏．宜爾伍（Trisha Yearwood）結婚，稱她為「我一生的摯愛」。當最小的女兒離家去上大學時，布魯克斯決定，要再嘗試做音樂，試圖重回鄉村音樂主流，還要巡迴表演，這是相當大膽之舉。「我很怕一個觀眾都沒有，我怕得要命。因為你不想讓粉絲失望……我希望他們會說：『唱得比我記得的更好。』」

儘管他很擔心，「葛斯．布魯克斯與崔夏．宜爾伍全球巡迴演唱會」從芝加哥開唱，三小時內賣出十四萬張門票。粉絲湧向他的演唱會，彷彿他從未離開。這次全球巡迴演唱從二〇一四年開始，到二〇一七年才大功告成。他「退休」後，分別在二〇一六、二〇一七、二〇一九年又獲得年度最佳藝人獎，創下七次得獎紀錄。[29]

布魯克斯在這些年當中，示範了漸強符號＜的人生，他持續擴展個人才華與機會，而非任憑它們變弱消失。他們夫婦倆總是注意著周遭的需求。二〇二〇年三月，他們發起黃金時段音樂特別節目，在自家錄音室表演，好讓粉絲忘卻因新冠肺炎隔離的壓力，他們十分需要這種機會，並傳達大家可以共同克服疫情的重要訊息。他倆在共同聲明中說：「我們看到，當大家齊心協力，可以發揮多大的作用。除了這次特別演出，我們與哥倫比亞廣播公司共同捐助一百萬美元，給慈善機構……對抗新冠肺炎病毒。」[30]

他在自傳特別節目「葛斯．布魯克斯——我走的路」（*Garth Brooks—The Road I'm On*）當中，在為二〇一九年巡演排練時，對合作夥伴談到，向前看，勿向後看的向上心態：

> 我喜歡我們寫下的歷史，可是歷史屬於過去。這次將是我們最艱難的巡迴。絕不要認為我們已經做得夠好……要是你們以為，一生中為音樂挑戰自我，那最艱難的時刻已成過去，請你們三思。[31]

正如相信「最重要的工作總是在前方等著你」，努力扮演好最重要的角色，及改變人生需要改進的地方，會讓你有動機不斷去嘗試、學習，並適應新挑戰和挫折。憑藉正面信念及回應，你人生的主控權會回到你手上，也使你能夠自主規劃精采人生……沒有年齡或中年與否之分。

PART 2

成功的顛峰

強（*forte*）：

形容詞或副詞：大聲、有力、生氣勃勃；勝過他人的事

f

成功……是留給世界一些好處，是知道即便只有一個生命，也是因為你活過，而呼吸得較輕鬆。

——愛默生

假設你開車不看前方來車，反而頻頻看後照鏡，又轉頭察看開過的路，要不了多久，你就會掉進水溝。我們必須忍住，不要去看後照鏡，回顧事業及人生既有的成就，我們應該樂觀展望將來，期待接下來會發生的事。

本書到目前為止，談的是向上心態的威力強大，能夠把人從中年危機推回邁向成功圓滿的正軌。不過，並非有困難或欠缺的人才需要重新調整，對自認已登上某種成功顛峰的人，追求向上人生也可以為他增添歡樂。

經歷中年階段，固然有起起落落，可是處於成功高峰，也不是沒有挑戰。當你為個人及家庭達成適度的成功，就不免鬆懈下來，覺得沒有什麼責任或義務再去打拚。可是你人生的精華還等著你！

追求向上人生發揮威力的關鍵，在於真心相信「你最重要的工作總是等在前面」。無論你當下在做什麼，那都是你最重要的工作，你此刻必須全力以赴，因為已經完成的就屬於過去。有前瞻思考的人總是向前看，看看明天能夠成就什麼。

這一點為什麼這麼重要？要是你覺得人生別無所圖：你最重要的貢獻已全數做出，那每天早上還有什麼需要起床的動機和意願？你的人生是為什麼目的？你每天早晨起床時，應該抱著需要完成的目的、願景和目標。它們也許與過去截然不同，可是你最大的貢獻還等著你。

以我個人的經驗為例：我有個女兒曾經問我會不會再寫一本像《與成功有約》的書。她雖是無心之問，我聽了卻很生氣。難道我所有好的想法和教導的概念，就只在那本書裡？我的能耐到此為止嗎？我「一本書就完結了」？要是我沒有其他價值可貢獻，那我每天在幹什麼？我對她說，我最好的東西還在後頭，我腦海裡還有幾本書要寫。

且慢，我這麼說不是為自我膨脹或謬讚，可是有那種感覺有何不可？你為什麼不能這麼想？我向來認為，無論處於人生哪個階段，我的最佳代表作都還未出現，仍有待我去發掘和傳授。維持這種態度：向上心態，是終身保有熱情、夢想、幹勁、使命的關鍵。這是你我每天要起床的理由。

彼得．傑克森努力十四年，把托爾金的《魔戒》系列搬上銀幕。結果電影票房大賣，並贏得多項奧斯卡獎。當有人問他，這是不是他最偉大的作品及一生的志業所在。

他的回答正好反映我們都該有的感覺：「如果我回答是，那就是假設我不會再有更好的作品。這或許是事實，可是我現在不打算認輸，我還有東西要拍。」[1]

他沒說錯。傑克森又繼續執導「哈比人」三部曲、「金剛」、「蘇西的世界」、「他們不再老去」等，還有許多片子排在他的拍攝計畫表上。試想如果他認為，「魔戒」已是極限，怎會有後面的作品？不過傑克森事業成功賺大錢，也不忘大手筆回饋社會。他與妻子法蘭捐出五十萬美元，支持幹細胞研究，希望能使更多人受益。[2] 他們也拯救社區內一座歷史悠久、備受愛戴的教堂免於傾頹：捐出超過一百萬美元，重修紐西蘭威靈頓的聖克里斯多福教堂。[3] 顯然傑克森除了拍電影大為成功，也透過慈善捐助，繼續在人生其他領域做出重大貢獻。

追求向上人生的概念，可以賦予人們很大的力量。如前所述，我也採用為個人使命宣言。我在專業工作上分享這個原則時，所獲得的正面回應及連結，完全不亞於我過去教授的原則。我目睹它激勵自認已完成人生使命、無法再有貢獻的人，使他們獲得力量。對那些因這種鼓舞心態而找到新生與專業熱情，或是被偉大社會理想吸引，想要加以推廣的人，我看過他們眼中閃耀的火花。向上心態帶給許多人希望與激勵，使他們相信，不論過去多有成就，多麼成功，個人最重要、最偉大的工作還等在前方。

要改變世界，先從自己做起。

——據說出自聖雄甘地

針對本書提到的人生四階段，我的目標都是提供實際有用的行動要點，不分年齡和階段，可以直接應用在個人生活中，以追求向上人生。本篇最後有一份個人服務清單要完成，盼望那有助於讀者為自己設定與成功顛峰相關的目標。

CHAPTER

3

人比事重要

人生要事不在於擁有什麼，而在於擁有誰。

——加拿大小說家勞倫斯（J. M. Laurence）

一九九九年冬，我們雇用包商奇普・史密斯（Chip Smith），替我們在蒙大拿州蓋家庭小木屋。這是他分享的故事：

在我蓋史蒂芬和珊德拉的小木屋期間，正好碰上我離婚，整個生活一團混亂。當時有幾個重要且有時間性的工程問題需要解答，他們夫婦同意開車三百五十英里，過來與我一面吃晚餐，一面討論兩小時，然後到旅館休息，清晨五點再開車回去，因為回到家，史蒂芬必須立刻搭飛機出差。我知道一起討論的時間很短但很重要，所以我設定議程，備好各種規畫與材料，以增加議事效率。我們一打完招呼，就坐下來談正事。

我們點好餐點，珊德拉說：「奇普，史蒂芬和我知道，你現在正面臨一些個人生活的難題。」我謝謝珊德拉關心，然後試著改變話題，以轉向小木屋的細節。珊德拉又打斷我，問到有沒有她和史蒂芬可以幫忙的地方。我謝謝她，並說我還過得去，只須繼續設法解決麻煩。

珊德拉握住我的手，說：「奇普，我們是為你而來。請明白，在我們看來，你現在正經歷的困難，比擔心小木屋的決定，重要太多了。」

不用多說，我哭了出來，接下來的三小時，我們談我的問題和顧慮。他倆在結冰的公路上開車遠道而來，回去之前卻絲毫未談及他們的需求，我覺得很不好意思。那是令我感到我們有如親人的時刻，我發現他們真正關心我，在他們眼中，我比蓋他們家的小木屋重要。

一段時間後，奇普的生活回歸正常，並為我們家蓋了漂亮的小木屋。幾年後父親過世時，我們全家回到小木屋，發現有嚴重的蝙蝠問題。當時我仍滿懷悲傷，也不知該怎麼辦，因為向來都是父親在管這些事，於是我聯繫奇普，說明情況。奇普毫不猶豫，立刻帶著大批人馬趕來，忙了一整天解決問題，甚至主動打掃車庫，卻拒收任何費用。他堅持那是回報我父母的機會，他倆在他人生最黑暗的時刻，安慰他支持他。[4]

——辛希雅·柯維·海勒

在感情關係中，人比事重要太多。基本持續秉持這個原則是關鍵。歧見不可忽視；但是屬於次要。議題或個人觀點絕沒有關係本身重要。你會永遠感恩曾選擇花時間建立及維持與家人、朋友的關係，而非把那些時間用於物質追求上。

懂得展現與接受仁慈的人，是優於任何財物的朋友。

——古希臘劇作家索福克里斯

生命是付出，不是積累

我不清楚各位的命運，不過我知道一件事：你們當中唯有尋求並找到服務之路的人，才會真正快樂。

——史懷哲

有個故事是說，兩個朋友去參加富人的喪禮。其中一個對另一人耳語：「你知道他留下多少嗎？」另一人認真答道：「我當然知道。他什麼也沒帶走！」

多年來，我演講時經常提到，沒有人在臨終時，會希望曾在辦公室待久一點。可是他們確實會遺憾與子女疏遠，未放下無用的怨恨，錯過服務的機會，有夢想未實現，或未與家人親友多聚首。當我參加好友或親人的喪禮，上前去瞻仰遺容時，那會提醒我，有時甚至令我驚覺，人死後只剩下遺體。他留在世間的是生前的善行，是與家人親友珍貴的關係：他們所愛的人，和愛他們的人。留下的是這些。

這些年來我有一個看法：使眼睛閃耀光彩，使靈魂產生意義的，是貢獻。我們一生能貢獻他人人生的方式有千百種，你我從中可以體驗到滿足與快樂，那是金錢根本買不到的。對於已達到一定程度的財務成功或影響力的人，其付出及貢獻的機會更大。我深信快樂的無敵祕訣，在於貢獻而非積累。

諾貝爾文學獎得主索忍尼辛在二次世界大戰後直言不諱的批評蘇聯，以致被囚禁於勞改營多年。這些艱苦的經驗，使他對財富與貢獻產生獨特看法。他寫道：「無止境的累積財物，不會帶來滿足。財物必須從屬於其他更高的原則，必須具備精神上的正當理由，即必須有使命。」[5]顯而易見，若對財物缺少正確看法，我們就會變成財物的奴隸。本章節教導我們實踐向上心態並向外看：過著貢獻付出的人生所帶來的內在平靜感、安全感，是財富難以望其項背的。

德蕾莎修女曾在一百多國演講，教導人們，財富的目的是為造福他人：

> 我認為視錢如命、時刻擔心失去財富的人，其實很窮。此人要是把錢用於服務別人，那才是富有，非常富有……很多人認為有錢就會快樂，尤其在西方……如果上帝賜

予你財富，那麼請為祂的目的花用這財富：幫助別人，幫助貧民，創造就業機會，給他人工作。切勿浪費財富。6

德蕾莎修女顯然認為財富本身不是問題。其實緩解世上許多最嚴重的難題，財富可能是解方之一。不過我發現，專注於累積財富，卻不運用這些財富嘉惠他人，將不會帶來人生持久的快樂與滿足。做出貢獻，你會更珍惜它們而非金錢本身。

且看拉貝德（Karl Rabeder）的故事，他是奧地利企業家，專精室內裝潢，從一無所有，直到世間標準的功成名就。拉貝德說：「我出身赤貧家庭，家規是多做事，多賺取物質的東西，多年來我一直信守。可是財富無法創造幸福。這一點我很清楚，因為二十五年來我都是這樣過日子，愈來愈有錢，卻覺得愈來愈難受。」

拉貝德熱中玩滑翔翼，也曾到南美和非洲無數次，親眼目睹那些國家嚴重的貧窮問題。這對他的人生產生重大影響。在長年過著豪奢生活後，他終於承認，內心深處很痛苦，他為了根本不需要或不想要的東西像奴隸般工作。過了這麼多年他形容為「可怕、無感、行屍走肉的五星級生活方式」，他終於聽從內在心聲：「停止現在所有這些奢華和消費，開始過真正的生活吧！」

多年來，他一直沒有足夠的勇氣放棄各種舒適生活的表象，可是與妻子在夏威夷群島度假三週後，他覺悟：「要是現在不做，我這輩子都不會做了。」於是大膽聽從內在敦促，賣掉價值一百四十萬英鎊、俯視阿爾卑斯山的奢華別墅；六十一萬三千英鎊的漂亮石造農舍；共六具滑翔翼，售得三十五萬英鎊；還有約值四萬四千英鎊的奧迪房車。他搬出美麗的阿爾卑斯山別墅，住進山裡的小木屋，開始長久以來首次過著他口中簡單快樂的生活。

財產脫手後，他投資三百萬英鎊，設立微貸款慈善組織，提供小額商業貸款，給中美洲及拉丁美洲的自營事業者，他們為使自己的小生意做得下去，日日殫精竭慮。拉貝德以低息或無息，提供這些人微貸款，好讓他們進貨出售，拓展生意。他明白這些人僅需少許資金就能成功，這很了不起。賺到錢後他們可以養家活口，保有自尊，最後償還貸款。[7]

拉貝德發現，長保快樂的鎖鑰不在於累積財物，而在於為他人付出。他行走世界各地，遇過無數人，借用他自己的話：「我開始體會到，我不需要豪宅、名車、滑翔翼，或是價超所值的晚餐。我的下一步是去接觸人……二十五年來，我為自己不想要、不需要的東西做苦工。如今，」他歡欣吶喊：「我的夢想是一無所有！」[8]

這豈不諷刺？在物質財富上一無所有，在真實貢獻與價值上卻擁有一切。試想他的微信用貸款，對辛苦經營的小商家影響有多大，他們現在可以養家，可以讓子女上學，甚至可以盼望更好的未來。拉貝德發現，真正的快樂不是累積財富，而是幫助別人創造財富。

若非為了幫助彼此生活較容易，否則我們是為何而活？

——瑪莉・安・伊凡斯，筆名喬治・艾略特

請注意，我顯然並非主張必須放棄所有金錢，賣掉一切財產，像拉貝德一樣，在小木屋裡過著簡單生活。不過，從他的故事可學到重要的一課。當拉貝德把重心放在服務別人，而非自身物質財富上，他找到了人生的意義。

作家布藍波（Jeff Brumbeau）寫過一本見地非凡的童書：《拼被人送的禮》，書中所表達的訊息，成人也會受益。故事是說，有個貪婪的國王，他要什麼有什麼，可是這些物質的東西無法使他快樂。

國王聽說，有個老婦人做的拼被是全世界最漂亮的，她還免費贈送給買不起的人。

她整天做拼被，儘管擁有的物質財產很少，她對簡單的生活卻感到非常快樂。為此，國王決定不惜一切都要擁有一條她做的拼被。可是老婦人拒絕賣給他，再多的錢也不要，國王很吃驚。她解釋這些拼被只為買不起的人而做。國王非常生氣，可是不管再怎麼威脅或處罰，老婦人始終不肯屈服……國王用盡一切手段。

最後她跟國王講條件，因為她知道國王有多自私，有多麼不願分享自己的好東西。她對國王說，國王每送出一件財物，她就為國王做一方塊拼被。國王勉強答應，因為他雖然珍愛自己的金銀財寶，老婦人美麗的拼被卻求之不可得。起先他捨不得放棄任何寶物，後來總算決定送出一顆彈珠。收到這禮物的男孩無比高興，令國王很驚訝。於是他決定找其他物品分送出去。每當他看到接受者臉上歡樂的表情，自己也忍不住微笑。

國王大喊：「怎麼會這樣？我怎麼會對送走東西感到這麼快樂？」儘管他不明白個中原因，他仍下令僕人：「把所有東西送出去！立刻全部送出去！」

結果他每送出一件禮物，老婦人就為他做一塊拼被。當全國國民都得到國王的禮物後，他開始把東西送給世界各地的人，以收藏換來笑容。

不久後，國王一件財物都不剩，老婦人也完成給他的美麗拼被，並把拼被披在國王身上，因為他的王服已經破破爛爛。老婦人說：「就像我很久以前答應你的，當你變窮了，那時候我才會給你一條拼被。」

國王抗議說：「可是我不窮，也許看起來窮，其實我內心很富有，充滿對捨與得的快樂記憶。我自認是最富有的人。」

從此，老婦人白天縫製美麗的拼被，晚上由國王拿到鎮上，尋找窮人和灰心喪氣的人，再沒有比送出東西更令他快樂的事。[9]

送出財物給的並不多。付出自我才是真正的給予。

——紀伯倫

走出自我

人生最急迫的問題：你在為別人做什麼？

——馬丁・路德・金恩博士

金恩博士經常提出以上這尖銳的問題，它應打動人人的心，激勵人人付諸行動。

二〇一四年，格蘭特（Adam Grant）是賓州大學華頓商學院最年輕、評價最高的終身教授。他的著作《給予》，解釋為什麼我們設定個人目標時要包含給予。

格蘭特寫道：「當我想到那些給予者，我只會把他們定義為，樂於助人並多半沒有附加條件的那種人。」他認為，大多數人以為要先獲得成功，然後才能去做慈善服務，可是經他研究發現，情況恰好相反。他說：「有些人像比爾．蓋茲，是先成功再回饋，可是社會上大多數成功者，是早在做出一番成就前，就開始給予。我寧可重新定義成功，說它不只是個人有什麼成就，也包括你幫助別人成就了什麼。」[10]

假設你的金錢、影響力和努力實際拯救了無數生命，試想你造成的影響有多大，請看以下鼓舞人心的例子。

多年來比爾．蓋茲以微軟公司在科技業享有盛名，那是他共同創辦、並經營至身價數十億美元的企業，也促成技術革命，使全世界消費者都能使用電腦。他甚至在富比士全球富豪榜一直名列前茅。不過有一天歷史可能讚譽他為當代最偉大慈善家。他流傳後世的美譽，可能不只在於創新，也在於激勵許許多多的人，因為他在全世界推動的衛生與教育計畫，讓生活獲得改善。或許最要緊的是，他鼓舞其他同樣富有和影響力大的人也這麼做。好比把石頭丟進湖裡，他對付出貢獻的影響力，以及由此得到的善果，會一波波向外廣傳，漣漪所到之處，會影響每個人。

電影「蜘蛛人」裡，班叔為姪子彼得指出運用天賦行善的關鍵，說出現已耳熟能詳的金句：「能力大，責任就大。」比爾．蓋茲的父母十分熱中社區服務，及回饋周遭的人。這種家風加上妻子梅琳達的影響相得益彰。梅琳達與他背景相似，也非常重視服務。此外比爾研究慈善家的生平，如洛克菲勒和卡內基，這逐漸灌輸他一種責任感，應該把資源用於慈善事業，尤其是他還活著，可以自己管理。他從未見過洛克菲勒，可是欽佩他在死前捐出大部分財富的策略，捐給他認為有意義的宗旨目標。

> 金錢超過某種程度對我已無用處。它的作用完全是在成立機構，好把資源給出去，給世上最窮困的人。
>
> ——比爾．蓋茲[11]

比爾．蓋茲在二〇〇〇年辭卸微軟執行長，開始把更多時間投入「比爾與梅琳達蓋茲基金會」，秉持給予的思維，以改變世界為目標。[12]他倆的朋友及共同託管人巴菲特，曾給過他們一些做慈善很好的建議：「不要只做穩紮穩打的計畫，要面對真正困難的問題。」他倆認真接受這建議，並著手採取決定性行動。[13]

懷抱「所有生命價值平等」的信念與願景，蓋茲夫婦創設美國最大的慈善信託基金，並捐出時間金錢，用於世上最急迫的某些課題，例如充分醫療照護、防止早產、對抗傳染病（尤其是瘧疾）、解決赤貧、衛生問題、教育不平等（特別是女童與婦女）、全球資訊與技術平等。[14]

比爾和梅琳達曾驚訝得知，除美國外，全球窮國每年有五十萬兒童死於腹瀉疾病。廉價的口服脫水補充液可以挽救這些生命，可惜無人覺得有責任伸出援手。

蓋茲夫婦體會到，他們需要把握這擺在眼前的機會，真正去拯救貧童的生命。他倆了解，透過基金會大大發揮影響的方法，是尋找政府及市場無法處理的難題，並找出它們不曾嘗試的解決辦法。他倆以拯救兒童生命為目標，展開在全球的慈善工作，第一項重大投資，是針對窮國還沒有的疫苗。

有一項接種疫苗的計畫，以五歲以下幼兒為主，促使兒童夭折減半，由每年一千兩百萬，降至六百萬。[15]

我們相信所有生命價值平等，卻眼見世界並非如此運行，貧病在某些地方更為嚴重得多。我們要成立基金會，去對抗那些不平等。

——梅琳達．蓋茲[16]

在疫苗運動展開前，幾乎已在全球絕跡的小兒痲痺仍肆虐於阿富汗、印度、奈及利亞、巴基斯坦，並奪走生命。二〇一二年，全世界有半數以上小兒痲痺病例出現在奈及利亞。世界衛生大會以大規模施打疫苗為主，推動「全球小兒痲痺根除行動」，「比爾與梅琳達蓋茲基金會」及「國際扶輪社」都加入這項行動。兩年後，蓋茲基金會承諾支付七千六百萬美元（分二十年），替奈及利亞償還為消除小兒痲痺的貸款。由於他們的努力成功，二〇一七年奈及利亞未有新報告的小兒痲痺病例。[17]

到二〇一七年止，蓋茲基金會共捐出近三十億美元，給全球小兒痲痺根除行動，終至把病例消滅了百分之九十九．九，拯救一千三百多萬兒童免於癱瘓，使每年曾高達三十五萬病例，降為不到二十例，只出現在阿富汗及巴基斯坦兩國。[18]

比爾．蓋茲發現，在蓋茲基金會做全職工作，勞心耗時的程度與擔任微軟執行長不相上下，也始終充滿趣味與挑戰。[19]梅琳達身為美國女富翁，自己也擅長科技，大可走更輕鬆的路，不必親自投入全球赤貧的許多複雜而關鍵的課題中，可是她情願做不一樣的選擇。

梅琳達對他們在基金會的工作方向及優先要務影響特別大。她不只是在家裡舒服的研究數據、分析理論，她也走訪與基金會合作的社區。她與工作團隊多次訪問非洲及南亞低收入國，與媽媽們、助產士、護理師、社區領導人交談，了解他們的生活和挑戰。梅琳達不願對難題棄之不顧，她努力研究及了解各種不同文化，以便在幾個重要領域，為女性推動改革與進步。她的團隊透過教育與賦權，達成許多文化突破，其結果不僅豐富人生，也挽救生命。[20]

梅琳達很快就發現，「在赤貧社會，婦女被邊緣化。女性是非我族類……要克服喜歡區別你我的需求，是我們生而為人的最大挑戰。這是終結嚴重不平等的關鍵……社會邊緣有那麼多老弱貧病，原因在此……拯救生命的第一步是接納每個人。當社會沒有外人之分時最健全。我們必須持續努力，消除貧窮與疾病……只是幫助外人努力進入社會主流還不夠，當我們不再把任何人當作外人，那才是真正的勝利。」[21]

經過多年第一手觀察、學習、積極為重大難題尋找答案，梅琳達完成一本具啟發性的著作，記述她對赤貧者人生的體驗與洞見：《提升的時刻：賦權婦女如何改變世界》。

比爾和梅琳達在到達成功的顛峰後，選擇走出自我，擴大在全世界的影響圈。雖然他倆在二〇二一年離婚，但都繼續投入基金會的工作，擔任共同董事長及託管人，不間斷的推動自二〇〇〇年開始的志業。他們坐享自身財富，當是多麼容易。還有什麼需要證明或征服的？然而生命是付出，不只是積累，他倆對全世界的貢獻不可勝數。

比爾和梅琳達在二〇一〇年，與巴菲特共同成立「捐獻誓言」（Giving Pledge）組織，使命是「邀請富人及家族承諾，在生前或死後，把大部分財富捐贈給指定的慈善目標及慈善機構」。「捐獻誓言」組織「受到各種財力及背景的捐獻者的行善榜樣所啟發。有千百萬的美國人慷慨捐輸（經常是犧牲自己），好讓世界變得更好，那都是我們效法的模範」。[22]

後人安坐樹蔭下，因為很久以前有人種了樹。

——巴菲特

自「捐獻誓言」創立以來，到二〇二一年十二月，簽署誓言的會員已增至兩百三十一人，遍及全球二十八國，年齡從三十幾到九十餘歲，都立誓把財富捐給各種慈善目標（參見 givingpledge.org）。[23]這群企業家與公司領導人也分布於各種產業，如科技、醫藥、生技、不動產、酪農業等。[24]這一倡議範圍廣泛，從醫療到教育到減貧，是新的全球、跨世代努力，要設法解決某些最嚴重的社會問題。

比爾．蓋茲已承諾捐出百分之九十五的財富，多半是在他生前。二〇〇六年巴菲特立誓，他百分之九十九的財富，將在生前或死後捐做慈善之用。他說明：「我的家人與我，對我們格外幸運這件事的反應並非愧疚，而是感恩。要是我們把超過百分之一在我名下的錢，用在自己身上，快樂或幸福並不會增加。反而那其餘百分之九十九，可以對別人的健康和福祉發揮很大的作用。」[25]

現代飛行訓練之父烏爾奇（Al Ueltschi），把大部分財富捐出以對抗失明。所有失明者中，有百分之五十一是由於白內障，可是花五分鐘、五十美元做手術就能治好。烏爾奇捐出五百一十萬美元給「重見光明」（HelpMeSee）組織，他們專做改變人生的白內障手術。烏爾奇簽署「捐獻誓言」時，鼓勵其他人不要拖到太遲：「我從未見過靈車後面拉著U-Haul（注：美國最大搬運暨倉儲租賃公司）的拖車。你帶不走的。」一個月後，他在二〇一二年過世，享年九十五歲，一生總共捐出兩億六千萬美元。[26]

要是達到成功顛峰的人都接受挑戰，簽下「捐獻誓言」，將對各種慈善目標及慈善機構產生多麼不可思議的影響。試想他們數十數百億美元的財產，可以改變無數人的人生。他們的影響圈（包含他們重視及選擇支持的目標）全世界都感受得到，那種影響不只是改變人生，更是拯救生命。

我們大多數人的影響圈或許較小，能影響的是較近的個人或團體，可是這種貢獻仍然非常有價值。貢獻不分大小，對促進社會正面的改變及持久的美滿，都有其必要。

在成功顛峰階段且主動積極的人，不會把重心放在自己無能為力的事上，像是過去的成敗得失，反而會把時間精力集中於為建立光明未來自己所能做的事；在看到周遭有所需要時加以回應；以本身的人脈及資源為基礎，影響他人做有益的事。

> 給予，讓我們從熟悉的自身需求領域中走出來，進入他人需求所在的不明世界中。
>
> ——芭芭拉．布希

凱莉與凱文就是個好例子。他倆定居德州北部某個小鎮，生育六名子女，辛苦工作多年後，建立一定的地位，並在社區享有某種成功顛峰。凱莉與凱文不貪圖輕鬆過日子，只顧自己的家庭，鑑於鎮上有很多需要，他們選擇服務和社區參與，慷慨付出。

凱文是牙醫，同時是扶輪社會長，也擔任男女學童運動校隊的教練好多年。有一年鎮公所未提供經費整理當地棒球場並為草地澆水，凱文就自己整理，還付錢請人澆水，以免春天棒球季來臨時，孩子無法上場。他每年也與鎮上其他牙醫免費為兒童牙齒塗封劑，以防止蛀牙。

凱莉除了幫忙打理封劑診所，也積極籌辦聖誕節招待會；為當地慈善機構募款，包括行之有年的送餐服務；每週也在子女就讀的專為弱勢兒童而設的小學（Title 1），當陪讀志工。

有一天，二年級女生瑪莉亞哭著走進教室，凱莉自然的緊緊擁抱她，孩子很快就平靜下來。此後幾週凱莉一直注意瑪莉亞，發現她個性很強，班上同學大都不喜歡她，有些甚至霸凌她。瑪莉亞除了社交問題，閱讀及數學能力都遠低於二年級水準，可是老師對此完全不加理睬。

凱莉決定當瑪莉亞的朋友，並向校長詢問她父母的聯絡資訊，打算邀請她放學後，跟自己的小孩一起玩。校長率直的回答令凱莉驚訝：「噢，不要。請相信我，你不會想要跟她或她爸爸有任何牽連。她媽媽在坐牢，已經很久了。他們全家人的誠信都有問題，他們說謊、偷竊。你最好跟他們保持距離。」

對凱莉來說，這解釋了許多瑪莉亞表現的情緒及行為問題。儘管校長提出警告，凱莉還是決定必須去管瑪莉亞和她妹妹安琪的事。最後她找到兩姊妹的父親。

凱莉發現，這家人住在市郊。父親沒有車，本身是文盲，所以非常不在意女兒的教育。經過他同意，凱莉安排他兩個女兒某一天放學後與她的小孩一起回家。兩姊妹第一次來，高興得不得了，喜極而泣。凱莉很快發現，姊妹倆最喜歡的，就是挨著她坐，聽她唸一本又一本的書，內容多屬幼兒程度。她們渴望受到凱莉注意，也很喜歡凱莉對她們表現任何母愛。有一次在唸書時，安琪靠近凱莉，怯生生的問：「你可以假裝我媽媽嗎？」她們需要正常的家庭生活及疼愛她們的父母，凱莉為此感到心酸。她很快又發現，儘管姊妹倆喜歡跟她的小孩玩，但是她們最殷切的需求，還是自己的關注與關愛。

瑪莉亞和安琪都喜歡下課後跟凱莉一起回家，她就每週帶她們來一次，並養成先幫她們做好功課再玩的習慣，通常也會留她們吃晚飯。雖然她們的父親為人正派，可是不太懂得怎麼做單親爸爸。凱莉開始載他去參加學校的演出和活動，後來他體會到，出席這些場合對女兒很重要，要是他不在，她們就是唯二沒有家長支持的孩子。

瑪莉亞和安琪開始如花朵綻放。沒有多久，行為問題就消失，閱讀和數學能力在凱莉的課後指導下突飛猛進。她們與凱莉的小孩一起玩，也更懂得如何與人相處，這大大改善她們受同學歡迎的程度。她們的能力加強後，信心也大增。

當安琪班上舉行一年一度的真人蠟像博物館活動時，凱莉讓她跟其他同學一樣，穿上歷史人物的服裝，並參考相關海報及影片，以便在這重要的活動中，好好呈現自己扮演的人物。安琪展示完時，凱莉看到，她第一次有把握自己能成功。27

這位代理母親為這兩個女孩的人生注入希望，她們曾受到忽視，缺少媽媽的愛護及養育。凱莉為家人建立美滿家庭，並成為社區有影響力的人之餘，又協助這兩姊妹開創新的人生，使她們也能成功，也感到受關愛、受重視。

快樂的鎖鑰在於走出自我，受共同的奉獻願景或使命所驅使，而與他人同行。有個年輕的母親記得她祖母總是說：「今天夠辛苦的，我們去找一個服務的對象。」多麼了不起又有智慧的見地！以你獨特的方式回應需要，對他人付出，正是實踐向上心態的重點之一。

> 如果想成為真正的專業人士，就要去做身外事，為社區修復老舊，為運氣比你差的人改善生活。我認為這才是有意義的人生。人生在世不只為自己，也要為社會而活。
>
> ——美國大法官金斯伯格（Ruth Bader Ginsburg）28

CHAPTER

4

領導是溝通價值與潛能

家父多才多藝，但不包括機械維修。家裡流傳一個故事，爸媽剛結婚那幾年，有一次電燈不亮，爸爸找來電工，電工說換新燈泡就好。據媽媽說，爸爸接著問，換燈泡要多少錢！那件糗事常被提起。

父親過世後，我因為一個叫努尼斯（John Nuness）的好人，想起這故事。多年來父親一直仰賴他，維護家人最愛的蒙大拿州度假屋的設備。他樂於提供一流的服務與看顧，也把我家那些機器當作自己的來看待。父親百分之百靠他，他也經常在下班後的晚上來到湖邊，好讓我們的水上摩托車和其他設備次日就能使用。這對我們實在太可貴了，因為家裡有些人的度假時間有限。

父親走後，努尼斯繼續幫忙，我們都感激不已。有一天，我向他道謝，他的回應令我吃驚：

我一定要告訴你。史蒂芬是唯一一個真正看重我賴以維生的工作的人。這些年我很高興與他合作，主要因為他讓我覺得自己很棒，他真心重視我的技能，還有我對你家的服務。我樂意繼續幫助你們，因為你爸爸讓我覺得，他欣賞我，也欣賞我的職業，這對我意義重大。[29]

出乎我意料。這麼簡單的一句話：「我真的覺得你做得很好，謝謝你。」真心感謝為我們出力的人，你有多常這麼做？

——辛希雅・柯維・海勒

多年前布蘭查（Kenneth Blanchard）寫過一本影響很大的小書《一分鐘經理人》。書中有一個很棒的概念，也就是以下這句直率但真切的話：「好意不表達出來一文不值！」他進一步寫道：

這些年來我教過的各種概念中，最重要的是「人們做對事時要把握住」。我心中毫無懸念，培養人才的關鍵在於，掌握人們做對事情的時刻，對其表現表示讚賞。你會發現，這麼做……對方的注意力更提高。30

現在就許諾，當你對別人有好意時，請當下花點時間來表達。要是延遲，機會稍縱即逝，可能永遠沒有第二次。養成這個好習慣，只需幾秒鐘，你就能使某人快樂一整天，並強化好的行為，灌輸信心，表達感謝，或許也能幫到有隱藏需要或問題的人。表達對別人的好意，可以激勵他繼續竭盡所能。日本諺語說：「良言一句三冬暖。」別錯過時機，就像一度很流行的一首歌悲嘆：「我們或許再也不會如此相遇。」正派人絕不會這麼想或這麼說：「但願子女成長期間，我不曾對他們那麼好！」

夜裡我哭了，
為我的短視，
無視於他人的需求。
但我從未絲毫後悔，
曾略微太仁慈。

——不知名

做父母的都知道，要讓小小孩在外吃飯時守規矩不容易，尤其是只有一個大人帶著。有個年輕的單親媽媽，週末帶小孩去北卡羅來納州羅里吃必勝客。她正經歷麻煩的離婚過程，年幼的孩子又有兩個需要特殊照顧。她對坐在附近的一名男子打招呼，事先為孩子等一下會吵鬧騷動道歉。男子請她別擔心，他自己也是父親，理解這種狀況。

等到這位母親起身要付帳時，男子的善心才曝光。他已付清他們全家的餐費，還買了餐券，讓他們下次可以再來吃。男子在收據後面寫下一段話，惹得她流淚：

我不清楚你背後的故事，不過有幸目睹過去三十分鐘，你如何照顧孩子。我要說謝謝你，這麼有愛心的看顧他們。我注意看你教導孩子，尊重、教養、禮貌、溝通、自制和善心多麼重要，而且整個過程都很有耐心。我不會再與你相遇，可是我很確定，你的小孩未來不可限量。請好好繼續扶養他們，當你覺得棘手時，別忘了或許有人在旁觀，他需要看到一個好的家庭正在養成中，從而得到鼓勵。願上帝賜福。傑克。31

她十分感激這一切，便聯絡當地電視臺，希望謝謝傑克，在她人生極低潮時，給予她莫大的鼓舞。她對美國廣播公司十一臺表示：「你們不會了解日子有多難過。這幾年是我人生最糟糕的時刻，我也從未受到這樣的稱讚。我只是盡可能把日子過下去。我希望讓他和他的家人知道，他真了不起！你永遠不知道誰在看著你。」32

傑克讚賞這位單親媽媽的耐心與毅力，她辛苦養育幾個不好帶的孩子。他的舉動千金難買，他不只付清帳單和購買餐券，更肯定拉拔年幼子女的家庭是多重要，多有價值。

我們太常低估一些舉動的力量：觸摸、微笑、美言、傾聽，或一點起碼的關懷：這些全都有可能扭轉一個人的人生。

——作家巴士卡力（Leo Buscaglia）

杜辛妮亞原則：正面肯定的力量

我很喜歡經典音樂劇「夢幻騎士」（*Man of La Mancha*）的故事，它改編自塞萬提斯的《唐吉訶德》，劇中主旨頗有啟發性，它教我們要相信別人的潛能。唐吉訶德是中世紀騎士，愛上單純的村姑妓女艾爾丹莎（Aldonza）。周遭其他人都把她當妓女看，唯獨這位英勇的騎士無視於現實，只照自己的信念回應她，他相信她具有成為賢德女性的潛能。

起先艾爾丹莎不相信他是真心的。但是唐吉訶德一再肯定他對她的看法，並用新名字杜辛妮亞（Dulcinea）稱呼她，給她一個新身分，讓她從中看到自己。唐吉訶德耐心的堅持著，直到他的肯定逐漸穿透艾爾丹莎強硬的外表。她一點一滴的改變生活，並接納他對她的認知，令只看得到妓女身分的人很失望。在新思維下她終於變成杜辛妮亞：

美麗又賢淑的女性，換上新形象的她，有截然不同的人生機遇在等著她。

最後唐吉訶德臨終時，她來到他床前，他再次肯定她的價值，並唱了那首感人的歌曲：〈不可能的夢想〉（*The Impossible Dream*）。他向她傳達的訊息很清楚：絕不要放棄你的潛能，或你的夢想！永遠相信你內在最大的優點。他看著她的雙眼，再次肯定她的新身分，並由衷懇求：「永遠不要忘記，你是杜辛妮亞。」33

> 用心去看才能看得真切；最根本的東西是肉眼看不見的。
>
> ——聖修伯里，《小王子》作者

唐吉訶德在艾爾丹莎身上看到比她外表更多的東西，連她本身都不自知。他以無條件的愛，向她吐露真相。我們可以從唐吉訶德學到很多東西。杜辛妮亞原則（Dulcinea Principle）是「自我實現預言」，是當你真正相信一個人，他就會不負你的期待，做到你相信他能做到的程度。

人人都有這種影響他人的力量，特別是當你在人生某個領域已到達成功顛峰，此時你的潛在影響力，比你自認的要更高。我常常建議位高影響力大的人，要把握機會，把重心放在別人，而非自己身上，要「造福他人，不是彰顯自己」。

請看看周遭，有誰需要別人的信心鼓勵。相信並增進他品格的優點——即使一時還看不出成果。只要你這麼做，此人的潛質就成為事實。不論一個人的過去及現狀，你可以愛護他、啟迪他，助他成就原來該有的本色。

照現狀對待一個人，他就會維持不變。照他做得到並該有的狀況去對待他，他就會變成做得到和該有的樣子。

——歌德

運用正面肯定的力量，是真正的導師、教師及領導人該做的事。協助另一個人看見他的潛能，鼓舞他更上層樓，最令人有成就感的美事莫過於此。

- 請對各種啟發敞開胸懷：有來自本身良知，也有出自外在來源。請明白，你很快就會對他人更有影響力。
- 請明白，別人必須要先感覺到你理解他，真正關心他；唯有如此，他才會接受你的影響。

- 與你想要引導的人建立關係後，注意尋找自然的「教學時機」，利用這些機會，傳達你重要的心得與信念。
- 舉對方現實生活中的例子，教導他如何回應，甚至做角色扮演。
- 給對方全新的、積極的自我認知。
- 幫助對方增加信心，相信自己應付得了所面對的挑戰，並做出好的抉擇。
- 教導對方為夢想而活，不要沉溺於過去。

內在安全感一個強有力的來源，在於就算你不相信自己，仍然有人愛你，相信你。來自外人給予肯定的那種價值和力量，對個人成長及發揮潛能可能起關鍵作用，那會使你內心十分平靜，安全感十足，比較不怕失敗，而得以突破局限的舒適圈。

肯定要訴諸個人、正面積極、針對當下、明顯可見、充滿感情。也應該簡單、誠懇、適合對方的能力：

- 「我知道這些金融課程很難讀，競爭也很激烈，可是你向來讀書非常認真，我確實相信，你的努力不會白費。安琪，堅持下去，就算要重修也別放棄。主修金融通常都要一段時間後，才會理解相關概念，不過我知道，以你的學習精神，最後一定會成功。」

- 「約翰，你是天生的藝術家。你很有創意，作畫時也投入豐沛的感情，所以作品比大多數人更特別。現在你要大膽嘗試油畫，你會學到很多新技巧。」
- 「你是個好爸爸，比你自認的好很多。不要為看到青少年常見的古怪行為而自責。你花那麼多時間在棒球場上投球給山姆，所以他知道你關心。建立感情向來是你的強項。」
- 「你今天與同事互動的方式很好。大家意見分歧，過程可能變得火爆，幸好你帶領討論的方式非常坦誠又包容，人人都覺得可以說出心中想法。這並不容易，你具有某些天生的領導能力，對我們團隊很有幫助。」
- 「謝謝你，在有人有話想說時，總是認真聆聽。我信賴你對弟妹提供意見，因為你都能讓他們先表達自己，他們就會更願意接受你的影響。你頭腦好，能夠做出困難的決定。我真的很信賴你。」

當然所有的肯定效果如何，都要看你想要肯定的對象是誰，不過只要好好思考，發自誠心，有可能產生極大的效應，因為大多數人會照別人怎麼看待他及相信他而表現。正值成功顛峰的你，正處於有效肯定別人的理想位置，只須遵循兩個簡單但重要的做法。養成這些習慣，你的影響力將大增：

對你要肯定的人，幫他改名字或舊腳本、舊標籤：

- 舊名字、標籤、頭銜、綽號、身分，都有礙進步。幾乎每個社會對進入重要階段，都會授予新頭銜或名稱，因為這些對改變行為很有幫助。你並不需要真的為對方取新名字，像是杜辛妮亞，可是你一定要改掉對他的定見，也助他重新檢視自己。
- 幫助你想肯定的人，擺脫旁人的觀點。教導你關心的人，為夢想而活，不要沉溺於過去。
- 承認自己往往是自我最大的敵人。由於相信舊腳本，不願改造自我，我們常被自己打敗。

肯定對方的新身分：

- 協助別人改寫人生腳本及使命需要勇氣，不過你我有能力辦得到。舊腳本可以改變，可以重寫，尤其在有人愛你、相信你時。
- 由此可以讓人變得強大有力，尤其當他還不完全相信自己時更是如此。一旦有你相信他，將有助於他放下被害者心態，而不得不為本身的行動負責。
- 這也會迫使他積極求新求變，而非接受自憐的負面心態。

> 讓他明白他有什麼潛力，以及該變成什麼樣的人，他就會使這些潛力成真。
>
> ——弗蘭克（Viktor Frankl），《活出意義來》34

肯定的基礎是信任，是深切的相信某人、某產品或某計畫隱藏的潛能。這種信任通常源自願景。創新與創意的果實，當然來自挑戰性的願景、孩童般的信念，以及耐心勤奮的努力：

信心＋努力＝果實

相信別人有深藏不露的潛力，就好比種竹子。在中國種竹子，前四年完全看不到任何東西，地面上什麼都沒有，只有一個小球莖及嫩芽。前四年的成長都在根部結構上。不過到第五年，竹子不可思議的拔地八十英尺！

沒有根，就結不成果。肯定一個人及相信其潛藏實力的果實，也要靠根部深入泥土，形成堅實的基礎。唯有此時：也許像竹子一樣需要很多年，根部才能讓樹結出果實。當潛力終獲發揮，對本人及相信他、幫他打基礎的導師，那果實將是多麼甜美。絕對不要用弱點定義一個人；一定要以強項來定義，這一點很重要。

領導工作是刻意的選擇

多年來我演講時，都會問聽眾這個揭露訊息的問題：

各位當中，有多少人原本對自己沒信心，主要是因為別人相信你，才達到目前的成就水準？

每次都有約三分之二現場聽眾會舉手，無一例外。接下來我問：是誰相信你？他如何表達？對你產生什麼影響？然後我四下走動，請聽眾分享經驗。他們在講自己的故事時，常常變得很激動。最後我提出最重要的問題：

你是否打算對別人做同樣的事？

我給領導工作下的最佳定義是：清楚明確傳達他人的價值與潛力，直到對方受啟發，也看出自身潛力的程度。大多數人都受過啟迪、鼓勵，及真正對我們有信心的人加以指導，使人生變得截然不同。我們或許不明白，我們對他人能產生多大的影響，而這影響可能傳給下一代，甚至更久。

在每個人的生命中，到某個時間，內在火花就會燃起。然後結識另一個人，使火花暴發成火焰。我們全都應該感謝那重新燃起你我內在精神的人。

——史懷哲

我很幸運，人生中有許多相信我的貴人，激勵我提升自己，達到他們在我身上看到的潛能。首先是我的雙親。有一次我半夜醒來，發現母親站在床前，輕聲說著肯定的話語，說明天早上的重要考試，我會考得很好。我承認當時確實覺得有點奇怪，不過我毫不懷疑母親相信我，並盡一切努力，肯定我做任何事的表現，父親也是一樣。他倆對我如此有信心，使我的人生大為不同。

我二十歲時，有機會到英國當志工，此行影響我的人生十分深遠。在當地主持志工服務的成年人是萊塞（A. Heimer Reiser），幾個月後他請我到英國某些主要城市，去訓練當地的領導志工，其中有些人的年齡是我的兩、三倍。我不敢相信，他居然要我去做這件事，因為我嚴重懷疑自己有能力，去做離舒適圈那麼遠的事。可是他對我說：「我對你非常有信心，你辦得到。」他在我身上看到比我自知多出許多的潛質。

我意外發現，我擁有某些天賦能力，可以用啟發人心的方式來傳達思想，於是我對教學產生熱情。萊塞先生成為值得信任的導師，他看出我有教導及訓練領導者的潛力，而我基於對他的尊敬，做到了他相信及期待的水準。我成長，我也看到別人成長，我則找到自己的願望。這次體驗改變了我整個思維，改變我如何看待自己，最終並指引我終身的職業方向。教學後來引導我寫作，而寫作成為影響更多人的媒介，人數多到超乎我的想像。

我相信真正的領導是一種刻意的選擇。我發現有三種發揮影響力的方法，真正的導師應該做到。

以身作則　受指導者看得到導師的言行。當我們實踐愛的法則，就等於鼓勵遵從生命定律。人的內心極為柔軟，尤其是行為看似強硬、不假外求的人。我們必須用「第三隻耳」：心，去聆聽他們。表達關愛可以獲得更大的影響力，特別是無條件的愛，愛給人一種真切的價值感與安全感，不要求什麼行為或與他人做比較。想要別人變成如何，卻不以身作則，那導師說的只是空話。品格所傳達的，遠比言教甚至身教更具說理力及說服力。

以真心待人　受指導者感覺得到導師的言行。人類喜歡分級分類、評斷衡量，往往是為了因應複雜、不斷變化的現實，產生不安全感及挫折感，才會出現這些行為。每個人都有許多層次。有些人的潛質一望即知，可是有很多人的潛質卻在休眠。一般人傾向於回應別人如何對待他，及相信他是什麼樣的人。

有些人令人失望，或是占別人信任的便宜，以為別人天真好騙。好在大部分人只因我們相信他，就會顯露真心。不要因為擔心少數而堵住多數。每當我們認定別人是心存善念，是出於良好動機與內在安全感，就是在訴求對方的良善。心懷善意就會結出善果。

以正確方式教導　受指導者聽得見導師的話語。若確實想要發揮影響力，在準備要說什麼之前，請先調整好心理及態度，這一點永遠很重要。說話內容可能不及表達方式來得重要。對欽佩你、追隨你的人，尤其是親近的家人，你會有機會做他們的導師。

以下是為人父母可參考的實務。在子女放學回家，有各種需要待滿足前，或是在你下班回家時，請花點時間做準備。也就是在進入某個狀況前，先暫停，先控制好自己，並決定你要如何回應子女丟過來的任何問題。

- 彙整資源
- 定下心來，穩定情緒
- 選擇愉悅和開心
- 選擇把全部注意力放在子女的需要上
- 準備傾聽孩子說些什麼（以及未說什麼），不要在他們講話時準備你的大道理

- 選擇表現你最好的一面，那會抑制疲勞，恢復最佳果斷力

請訓練你指導的對象，懂得我稱為「收成律」（Law of the Harvest）的法則：「要怎麼收穫，先怎麼栽。」大多數有價值的東西都無捷徑可走，無權宜之計可施。你在土地裡種什麼，怎麼照顧它，最後將決定你會有什麼收成。做農事無法抄小路，不能揠苗助長，不能拖延耽擱，也騙不過大自然，讓你無需先付出代價，就能豐收果實。

歸根結柢，人際相處也是如此。請教給指導對象由古至今的「農業原則」：整地、播種、耕耘、澆水、除草、收成，這是人生成功之道。記得我們隨時都在教導，因為我們不斷展現自身言行。

搭建橋梁

有一首深具見地的舊詩，名為〈造橋者〉（*The Bridge Builder*），是女詩人德洛姆古爾（Will Allen Dromgoole）所作。有趣的是，此詩發表於一九三一年，當時沒有像現在如此「自我中心」，也更為服務導向。

老人走在孤寂道路上，
當寒冷灰濛的傍晚，遇到
又大又深又寬的凹陷，
陰暗潮水流經其間，
老人在微光中涉水而過，
暗沉溪流無畏於他；
但他安抵對岸時回身，
搭起橫跨潮水的橋梁。

附近同行朝聖者說：「老人家，
你在此造橋是白費力氣；
你的旅程將在離世那天結束，
你再也不會行經此路；
既已越過這深而寬的凹陷，
為何為傍晚潮水搭建此橋？」

造橋者抬起蒼老灰白的頭；
他說：「好朋友，今日在我來的路上，
後面跟著一個青年，
他的雙腳必將走過此路。
這凹陷對我不算什麼，
對那金髮青年或許是困難；
他也必須在薄暮微光中渡過；
好朋友，我是為他造此橋！」[35]

有時我們的所作所為，不見得直接對自己有利或有影響，但是可以嘉惠後進。讓有智慧、經驗足的人，站在十字路口指點迷津，那是多麼可貴。有許多好人對成長中的世代做出重大示範與影響，他們立下深遠的典範，讓年輕人未來的路更好走。

人人都受到從未謀面者所形塑。

——歷史學家麥卡勒（David McCullough）

有個年輕人還在念大學時，就幸運的受雇到一家大型區域銀行，擔任執行長史考特的私人助理。史考特在年輕人第一天上班就來個下馬威，把他拉到一邊，說：「你當實習生，不是來做文書工作，而是要學習如何經營千百萬美元的事業。」

這位執行長並未誇大其辭。按實習生的說法：

史考特不是只指定工作給我，然後就放牛吃草。他真心關切我在做的專案，當我提出意見時也會支持我。他常告訴我，聽到我的意見和清新觀點，他覺得很有價值，並且要我在每週一早上的董事會議上，向公司高層報告我的心得。我知道我必須展現最佳的實力，所以這對我倆是雙贏；我這個新鮮人實習生，有難得的機會向最高階主管做簡報，史考特則獲得高品質的報告，那是我認真準備的，也對公司有利。我自然想要盡力為他做出最好的報告，而且一週要比一週好。

老實說，做簡報不容易，每次都戰戰兢兢，也真正挑戰我要加強相關技能。好在有史考特幫忙，他每次都會先介紹我，那基本上是說我正在做的專案有多重要。我報告完後，他會強調其中的主要重點，務必使董事會重視我的發言。他也一定會後續追蹤，這些舉動讓我覺得自己很重要，也是經營團隊的一分子。

有時最高層主管與史考特在他辦公室開會時，他會讓我加入，聆聽他們的討論內容，會後我倆會交換意見。光是旁聽我已經學到太多。他把我介紹給名人時，似乎真的感到驕傲，令我吃驚。他會很熱切的說：「你們一定要見見我的新實習生。」彷彿我是什麼大人物。

史考特有時邀我陪同去出差，旅途中他利用時間，教我許多實用的技巧，那是他當執行長經營一家大公司的親身所學。他對我本身的事業前途也會提供意見，並介紹我認識他認為會對我有幫助的人。史考特推薦好書給我讀，他個人也十分關心我，不只是工作，也關心我的學業及社交生活，我漸漸把他當作值得信賴的導師。他對我的信任使我不斷產生信心，更激勵我想要仿效他，走類似的事業路線。那年暑假當他的實習生，真是難能可貴的經驗，我因而立下未來目標，有一天也要像他一樣，帶給別人正面的影響。36

以下另一個例子，也是有影響力的人搭起橋梁，好讓新進者有所依循。

我在高科技業找到第一個工作時，並不是那麼適任，跡象應該很明顯。我聽到辦公室裡有人提到代碼三後，天真問道：「所以我們在公司要用代碼說話嗎？」引得全體哄堂大笑，後來我才知道，那是某客戶的名稱。我很確定就在此時，我的主管知道需要請很會帶人的人，來教我怎麼工作，因為我是新手。很幸運指派來帶我的是一位在業界有十五年資歷的女前輩。

她成為我的導師，規定我務必學會電腦業術語和專有名詞，以免再鬧笑話。她邀我一起去拜訪客戶及參加會議，訓練我業務策略及達成績效，並取得做好工作所必備的條件。

更重要的是，她灌輸我要相信自己，相信我也能成功。她很正面，很肯定我，使我有很好的開始。那是我大學畢業第一份真正的工作，我實在不敢想像，要是被指定來當我導師的人，無心教導後輩怎麼做好工作，也不在意一定要讓我成功，那我會有多慘。37

向上心態要推廣的信念是，有些最偉大的貢獻是無私的作為，來自想要建立橋梁造福他人，且不計毀譽者。他們影響別人人生的程度難以計量，也可能促成卓越與改變。

但願你感受得到，你對相遇對象的人生有多重要；對你或許連夢也不曾夢過的人，又會有多重要。每當你遇見別人，有某種屬於你的東西就會留下。

——電視節目主持人羅傑斯先生（Mr. Rogers）

領導是培養人格

籃球名教練伍登（John Wooden）最後的著作《人生行動計畫：導師的力量》（*A Game Plan for Life: The Power of Mentoring*，與耶格〔Don Yaegar〕合著），書中提到七位影響了他一生的偉大導師：他父親、他的幾位教練、愛妻妮莉、德蕾莎修女、林肯總統等等。此書後半部則著重於他回報導師而指導的人：賈霸（Kareem Abdul-Jabbar）、華頓（Bill Walton），及較不知名的人，如其孫女。

伍登第一年在印地安那州戴頓高中教英文及訓練籃球隊時，便遭遇事業生涯第一也是唯一一次失敗的球季。要是他當時放棄，認為自己不夠格成為成功的教練，試想會是什麼結果。好在伍登一路當到帶領加州大學洛杉磯分校棕熊隊，獲得六百六十五場勝利，創下十二年內拿下十次國家大學體育協會（NCAA）冠軍的紀錄，其中有七年是連續奪冠，完勝球季有四次，連勝場次達八十八場（史上最多）。他是首位以球員兼教練，入選奈史密斯籃球名人堂的人。二〇〇九年他被《運動新聞》選為「美國運動史上最偉大的教練」。[38]

伍登教練在籃球界，無疑已登上成功顛峰，不過對他最有意義的角色，是當別人的老師。他相信自己最崇高的天職，是教導手下的籃球員，不只要球技一流，還要做有品格的人。他寫道：

> 我總是努力表明，籃球並非終極目標。比起整個人生，籃球微不足道……我以當導師為終身職志，也一輩子接受指導！從未間斷……許多人把當導師視為某種任務……只要是啟迪人心的行動，都算是指導。[39]

他說，當導師不一定要是正式的關係。它可以是待人寬厚，鼓勵或啟發別人，教導別人該相信的核心價值，那是一種神聖的信任。

> 領導人並不創造追隨者，而是創造更多領導人。
>
> ——湯姆．彼得斯（Tom Peters），《追求卓越》（*In Search of Excellence*）

伍登與兄弟們在高中畢業時，父親給的畢業禮物都是一張紙，上面列著父親的七個信條。這麼多年來，伍登一直把它放在皮夾裡提醒自己，也當作父子傳承的家訓。從此這些信條又從伍登傳給千百萬人：

一、忠於自己
二、每天都活得精采
三、幫助別人
四、深入吸收好書的養分，尤其是《聖經》
五、把友誼當作藝術
六、有備無患，未雨綢繆
七、每日祈求指引，感恩賜福[40]

伍登對成功的定義並非只是贏球，他認為勝利只是態度與準備的副產品。伍登相信，成功是「盡其所能的全力以赴」，而且「關係到品格的多於名聲，因為品格才是真正的你，名聲只是別人以為的你」。[41]

伍登在傲視籃壇的教練生涯結束（到達個人成功顛峰）後，有三分之一以上的人生，都在從事有意義的工作。不可思議的是，他到九十六歲依然老當益壯：追求向上人生，寫書，每年演講二、三十場，同時讓球員、朋友、球迷隨時找得到他。他在二〇一〇年六月過世，差幾個月便滿百歲。加大洛杉磯分校棕熊隊為紀念他的功績，全體佩戴黑色三角形，以象徵他終生教導、重視品格培養的成功金字塔模型。這些年來伍登教練獲得的各種獎項及讚譽中，他唯一希望大家記得的是，他曾豐富許多人的人生。[42]

> 你所知道的一切，莫不是從別人那裡學來的。世間種種一路傳承下來……若你跟我一樣明瞭，教導別人就會成為你真正的貢獻。那是你能給予他人最棒的遺贈。那是你每天起床的理由：教人與受教。[43]
>
> ——伍登，《人生行動計畫》

CHAPTER

5

努力擴大影響圈

你可以藉拓展服務圈來擴大影響圈。

——葛瑞尼（Joseph Grenny），

《拿出你的影響力》（*Influencers*）作者

主動積極的人會去做自己能夠著力的事，把努力重心放在本身的「影響圈」內。他們憑藉正面能量，可以拓展並增強影響力，影響範圍也愈來愈大。

人人都具備獨特的天賦及才華，可以提供給影響圈內特定的人。我們總有理由更進一步、學習、貢獻、擴展，並協助別人也這麼做。你我的人生因此變得精采而有價值。

> 沒有人是孤島，是獨自存在；人人都是整個大陸的一小片……所以切勿追問，鐘聲為誰而響，它是為你而響。
>
> ——英國詩人鄧恩（John Donne）

威伯福斯（William Wilberforce）原是英國國會年輕且人緣佳的議員，一七八二年他覺得受到驅使，必須提出廢除英國奴隸制的法案。然而幾乎所有國會議員都代表買賣奴隸的利益。威伯福斯不肯放棄這法案，招致他們怨恨，並一再輕易的投票否決。

威伯福斯與過去的導師紐頓（John Newton）重聚時，更堅定達成廢奴目標的意志。紐頓之前當過奴隸船船長，曾是冷血的生意人，對於當奴隸制的幫凶無感。後來為替過去罪孽深重的生活贖罪，紐頓完全放棄奴隸買賣，並成為英國國教的牧師。他後來創作出〈奇異恩典〉（*Amazing Grace*），是有史以來傳唱最久的民謠聖歌之一。

威伯福斯開始訴求其他議員的同情心及宗教信仰，他展示奴役的證據：手銬、腳鐐、烙鐵，讓同僚親眼目睹殘暴的事實。又有一次，他用計邀請政府與知名人士出遊，讓他們在途中目睹奴隸船的慘狀，並聞到死亡的氣味。

經過二十年，威伯福斯的努力慢慢開始影響更多國會議員的良心，他的影響力擴大。有愈來愈多議員重新考慮立場。到一八〇六年，時機終於來臨，威伯福斯廢除英國奴隸交易的法案，以兩百八十三對十六票壓倒性通過。儘管曾強烈掣肘他二十餘年，此時國會議員卻起立，為他從未放棄崇高的目標而拚命鼓掌。

此後買賣奴隸成為非法，但是國會依舊拒絕禁止奴隸制長達二十六年。威伯福斯被迫再度繼續奮戰，終於在一八三三年，下議院通過禁止全大英帝國的奴隸制。報信人趕去向生重病的威伯福斯報告好消息。三天後他病逝。44

起先，威伯福斯在議員同僚當中並無權勢或影響力，難以促成廢奴。可是經過二十年熱情不減的努力，同僚看出他是真誠支持這崇高的目標；最後如同向外伸展的漸強符號<，他的影響圈一直擴大，直到涵蓋整個國會，從而永久改變了歷史。致力於實踐向上心態，意味著用心去支持重要目標，因為你看到有那種需求存在。在此過程中，你的

影響圈會自然延伸，並納入許多其他人一起做好事。或許你做不到威伯福斯那種程度，不過這是你獨特而「最重要的任務」，並且它「永遠等在前方」。

一小群有決心的靈魂，因對本身使命不可磨滅的信念所激發，可以改變歷史的走向。

——甘地

為自己也助他人，找到內在的聲音

撰寫《與成功有約》十五年後，我覺得非得加上第八個習慣不可：「找到自己內在的聲音，也啟發別人發掘其內在的聲音。」除非你先釐清自己的，否則無法在這方面有效協助他人。先找出你擅長什麼，再幫助別人去發掘。

為無力回報你的人服務；當某人有特殊的成長學習機會時，你提供他經濟援助；當有人看不出自己的獨特潛質時，你為他解惑；你相信並肯定兒童一生的發展：所有這些及許多其他善行，都有助於人類整體的現狀與進步。

> 我們像小石子，掉進彼此靈魂的池塘中，所引發的漣漪愈擴愈大，再與無數其他漣漪相交。
>
> ——暢銷書作家波利森科（Joan Z. Borysenko）

試想如果在人生的每個階段都努力那麼做，將產生多大的影響；就像骨牌效應或池塘漣漪，一個一個接續下去，善行的影響將生生不息。

自一九七〇年起，有個美式足球球員都渴望的成就，就是獲選國家聯盟年度最佳球員獎，它彰顯職業美式足球對慈善及社區服務的重視。聯盟每年表揚一位，不僅在球場上表現優異，還會用自己的時間做公益的球員。美式足球史上許多響噹噹的名將，都曾獲得這項榮譽，包括尤奈特斯（Johnny Unitas）、史多巴克（Roger Staubach）、馬利諾（Dan Marino）和曼寧（Peyton Manning）。[45]

裴頓（Walter Payton）是公認國家聯盟有史以來最傑出的跑衛之一，一九七七年他得到這個獎項，理由是他的基金會在伊利諾州協助受虐、受忽視及弱勢兒童成效卓著。裴頓說：

孩子總是帶給我無比的快樂，我覺得如果可以從小就幫助他們，確實可以改變人的一生。有很多研究顯示，對這些孩子的一次善舉，有百分之四十的機率可以使那孩子的人生有截然不同的結果。我們希望幫助孩子產生信賴感，同時也相信自己。46

一九九九年，裴頓五十五歲時死於癌症，國家聯盟為紀念他，把獎項更名為「華特裴頓國家足球聯盟年度最佳球員獎」（Walter Payton NFL Man of the Year Award）。二〇一五年得獎人波定（Anquan Boldin），是舊金山四九人隊首位得獎球員。波定的特別之處，在於他十四年職業球員生涯中，有四次獲得提名。他的慈善工作遍及他打職業美足期間住過的三個社區。

在得獎前好幾年，波定即成立基金會，宗旨是增進弱勢兒童的教育及生活機會，包括暑期加強課程、感恩節食物發送、開學前及假期購物活動等等。二〇一四年，他與妻子迪昂捐出一百萬美元給這個基金會。最重要的是波定發出十三個四年一萬美元的獎學金，給需要資助才能上大學且值得協助的學生。47

波定談到，他想要在打美式足球外做更多事，藉由回饋社會產生影響：

我剛進國家聯盟時，誰的話也聽不進去。我的人生圓滿了！我實現了進入國家聯盟的夢想，可是我很快就發現，人生真諦並非如此。我發現我的人生目的，並不在於進入國家聯盟和觸地得分。上帝讓我來到地球，有比這大很多的用意，我現在很清楚很了解，我的目的何在……我祈禱和期盼，後半生能夠榮耀上帝，並盡可能幫助更多人。48

他在自己不斷擴大的影響圈中，對年輕人產生多麼大的影響，使得他們也有更好的機會，活出最充實的人生。

池塘中的漣漪

你認識仰望你為導師的人嗎？是否有某人的人生需要你的支持、信任及激勵？想一下，找出這個人。然後花時間跟他相處，好好了解他：他的目標、夢想、認為重要的事，然後著手協助他找到自己的願望。可是請明白，你雖然盡心盡力幫他，他的挑戰或問題你卻不能越俎代庖，你只是提供助力、指引、啟發。你會感到驚訝，大幅改變另一個人的人生，只需要這麼少的時間和精力。

不論你給予對方的是關心、時間、信念、技巧，都能使他走上正確的道路，以發掘本身的熱情與願望。而你看著他因為有你而進步成功，將會感到由衷的喜悅。

要是你知道，你可以幫忙某人找出他的願望，但是對於該怎麼做沒有信心，且讓我列舉一個簡單的程序。首先是提出四個基本問題，以判別對方的需要，以及怎麼協助最有用：

一、了解對方目前的生活狀況，尤其是應對挑戰是否順利。
二、詢問對方，他認為現在自己可能想要做什麼。
三、根據對方的現狀及認知，協助他設定目標。
四、直接開口問，你可以怎樣幫助對方達成目標。

影響力真正的開端，是當別人感覺他正影響著你，感覺你理解他，你肯深入、誠懇的傾聽，你的態度開放。一定要謹記：行為比言詞的影響大得多。

亨利（William Ernest Henley）小時候父親身故，留下六個孩子給母親扶養。幼年時他就讀英格蘭格洛斯特的克里普特學校（Crypt School），有五年時間受教於傑出的布朗校長（Thomas Edward Brown），他是詩人，也是「我首次見到的天才人物」。亨利與布朗建立起終身友誼。亨利後來寫道：「他（布朗）在我需要愛護多於鼓勵時，待我特別好。」[49]

亨利才十二歲時，染上骨結核，導致左腳膝蓋以下截肢。此病也影響到他的右腳，讓他在醫院裡待了三年。不過恩師點燃亨利的探索及寫詩之火。儘管亨利僅活了五十三歲就死於結核病，他的詩作卻流傳下來，影響並啟發許多人。

多年後，亨利最著名的詩作〈永不屈服〉（*Invictus*），給了南非獄中一個人很大的鼓舞，他是尼爾森．曼德拉。[50]後來曼德拉又影響南非，及千千萬萬脫離種族隔離者的人生。

一個人影響另一個人，一個人內在的聲音引發其他人內在的聲音。

讓世界變得更美好

誰知道自己在什麼時候會完成本身最重要的工作，或是做出最重要的貢獻？因此我們不分年齡，在人生每個階段，不管遭遇什麼困難，都需要持續學習、嘗試、進步。我們必須避免一直回頭去看後照鏡，去提當年勇的誘惑，反而要樂觀向前看，看還有什麼可以做的事。

> 為自己做的事，會隨我們一起逝去。為別人及世界做的事會留下，永垂不朽。
>
> ——美國作家派克（Albert Pike）

你我都認識有錢、有名、有才華、有資源的好命人，在到達成功顛峰後，又做出多到不可思議的善事。儘管「死不帶去」，許多人的生活仍然像一對老夫婦開的怪車，車外的大貼紙驕傲的宣稱：「我們正在花子女的遺產！」

保羅．紐曼是追求向上人生的實踐者，他持續活得像是最重要的工作還未出現。紐曼是電影偶像，受到許多世代影迷的喜愛，他演過六十五部電影，演藝生涯長達五十多年。一九八七年他獲得奧斯卡最佳男主角獎時，已六十二歲，但是他無意退休，一直拍片到七十好幾，並且依舊飾演主要角色，直至七十七歲拍最後一部電影。他持續工作到快要辭世前，二〇〇八年八十三歲時，他因癌症過世。儘管他是享有盛名的大明星，不過他最大的快樂和滿足卻來自慈善工作。

一九八〇年聖誕節，紐曼與友人哈契納（A. E. Hotchner）決定調製一些油醋沙拉醬當作禮物，結果反應十分熱烈，到了二月，鄰居和朋友紛紛來敲他家的門，想要第二瓶。當地有個雜貨商建議，要大賣的唯一方法，就是把保羅．紐曼的臉印在商品上。

紐曼向來不推銷自己，起先他抗拒這麼做。他對哈契納說：「要是我們走最低級的低下路線，把我的臉貼在油醋醬的瓶子上，只是為賺大錢，那臭不可聞！可是走低下路線，是為到達高尚之路：做慈善，為公益，那就值得這麼做，那是回報社會的生意策略。」[51]

他相信透過賣沙拉醬，他能擁有獨特的改善世界的機會，便熱切宣布：「我們把所有獲利給予有需要的人。」他承諾把每一分錢都用於慈善，他把道理說得很清楚：「你的櫃子裡，就只塞得下那麼多東西。」於是以「為公益無恥牟利」為口號，「紐曼自有食品公司」（Newman's Own）開業。生意大為成功，數週內便賣出一萬瓶沙拉醬，到年底更超過三百二十萬瓶。

公司從一開始就承諾捐出百分之百的權利金及（稅後）利潤，給值得幫助的慈善機構，紐曼說：「這是該做的事。」十年後總計捐出超過五千萬美元。紐曼總是說，沙拉醬賺的比他演戲賺的多很多，他覺得很不好意思！[52]

需求很大，有所作為的機會也很多……向運氣比你差的人伸出援手，還有比這更棒的事嗎？

——保羅．紐曼

他最心愛的慈善機構，是自己所成立的山洞幫營隊（the Hole in the Wall Gang Camps）（名稱取自他主演的「虎豹小霸王」中，著名的歹徒幫派）。「紐曼自有食品公司」的利潤中，他投入七百萬美元在這些營隊上，重症病童可以免費參加一整週有趣的活動和冒險。自一九八八年起，有百萬以上的兒童參加過總計三十種營隊及活動，使這個組織成為全球最大的家庭露營團體。為了讓長期生重病或住院的孩子找回童年，山洞幫營隊讓他們有機會釣魚、游泳、露營、騎馬、做手工藝，當個快樂的小孩。紐曼的目標是創造一個希望之地，讓兒童發現儘管生病，人生仍然充滿可能性。[53]

紐曼與相關人員談到服務的力量。他說：「你以為是在替沒有你那麼幸運的孩子做事，結果卻發現，為這些孩子服務的人得到的比付出的多。」[54]他講過一個故事，有一天走到營地的用餐區，一個小女孩抓住他的手，仰望著他說：「紐曼先生，我跟你說，整整一年，我都為這一星期而活！」他說：「就是這一句！那就是掌聲！是你生命中真正想要的！向運氣比你差的人伸出援手，還有比這更棒的事嗎？」[55]

保羅・紐曼是追求向上人生的典範，在成為一級演員達到成功顛峰之後，才開創他最重要的工作，深具啟發意義。二〇〇八年他八十三歲離世後，家人、員工和支持者繼續維持基金會運作，完全照他想要的做法，把錢全部捐出去。「紐曼自有食品公司」協助創設「鼓勵企業行善委員會」（Committee Encouraging Corporate Philanthropy），並一直支持安全用水網（Safe Water Network）、發現中心（Discovery Center），及其他許許多多值得追求的目標，像是促進營養教育及取得新鮮食物；改善軍人、退伍軍人及其家庭的生活品質等組織。[56]「紐曼自有食品公司」生產三百多種產品，共發出兩萬兩千項捐贈，總額達驚人的五億七千萬美元（都深具價值），對象是數千家應得的慈善機構，改善全球數百萬人的生活。[57]

二〇一八年一月，基金會挑戰各地人們都來當「紐曼」，回饋社會，包含付出關懷，做好事，或以其他方式向別人慷慨付出。「我們邀請大家發揮愛心，是希望藉此散播行善不單是捐錢的觀念。行善是指每個人都能出一分力，使世界變得更好。」[58]「紐曼自有食品公司」的總經理解釋道。[59]

我們對人生太揮霍無度……我不是要競選聖徒……我只是剛好想到，人生需要有點像農夫，把從土地得到的東西再種回去。

——保羅・紐曼 60

很多人都曉得尤努斯，他的微融資模式，曾使數百萬想脫貧的人心生希望。尤努斯一九四〇年生於孟加拉東北部，與印度接壤的一個小村落，是十四個孩子中的老三。父親督促他要取得高學歷，不過影響他人生最多的是母親的身教。母親總是幫忙經常來敲他家大門的窮人，她啟發兒子想為消除貧窮做一些事。

一九七四年孟加拉發生嚴重饑荒，成千上萬的人餓死。當時尤努斯是吉大港大學的年輕經濟學教授，他很快覺悟到，他所教的理論無法解決就發生在教室外的現實災難。「我教的經濟學理論，絲毫無法反映我周遭的生活。我怎能以經濟學的名義，教學生虛幻的故事？我必須脫離這些理論，放下教科書，去發掘關於貧民生存的現實生活經濟學。」61

他與一名婦女聊到，她只需要借一小筆錢，買生竹來做竹凳。可是她沒有抵押品，所以被銀行認定屬於高風險，不肯以合理的利率貸款給她。她被迫向掮客借高利貸，利率高得離譜，經常高達週息十分，使她只能賺得蠅頭小利。這只夠她勉強餬口，以致身陷永無止境的貧窮循環。

有鑑於如此高的利率，窮困小商販永遠無法翻身，尤努斯便從自己口袋中拿出相當於二十七美元的錢，借給村中四十二名婦女，每筆貸款可賺〇・二美分利潤。他發現，這麼小的金額不但可以幫助她們存活，更能激發讓她們脫貧所必要的主動精神及進取心。尤努斯認為，信用貸款是基本人權。給人們沒有抵押品也能借貸的機會，可以教導他們穩健的財務原則，使他們擺脫貧窮。多虧尤努斯的努力，微貸款在孟加拉誕生。[62]

後來他與同事創設格萊閩銀行（Grameen〔意為村莊〕Bank），為赤貧者提供微貸款。這種微融資模式引發約一百個開發中國家群起仿效，甚至出現在美加、法國、荷蘭、挪威。撰寫本書時，格萊閩銀行共計已提供四十七億美元貸款，給孟加拉鄉間四百四十萬個家庭。它翻轉銀行業傳統慣例，著重於女性貸款人，不在意抵押品要求，並且只借錢給最窮的人。這是革命性的制度，主要建立在互信，及數百萬鄉村婦女的進取心及責任感上。[63]驚人的是，格萊閩銀行百分之九十四以上的貸款，都借給女性，孟加拉女性貧民比例高於男女比例，而事實證明，她們比男性更可能把賺到的錢用在家人身上。[64]

有一次尤努斯問聽眾，為什麼人要攀登聖母峰。大家同意，有人是為挑戰，也有盲人或殘障者去攀登，總之大多數人是冒著生命危險要登頂，可是山頂上又沒有成堆的錢可拿。尤努斯認為，人的動機不只是為金錢或利潤，而是有各種意圖。這並非典型的企管碩士說詞。他認為，想要改變世界的人，其動機確實是不只改善自己，也要改善他人的生活。這麼做所得到的成果，比接受金錢報酬更令人感到滿足。

尤努斯與達能公司（Dannon）合作，提供富含營養的優格，一杯只要幾毛錢；他也與愛迪達聯手，提供價格低於一歐元的鞋子。他開設太陽能電力公司，以與煤油差不多的價格，供電給孟加拉一百多萬用戶，並找到供應健康食物和蔬菜的方法，以治療孟加拉常見因缺乏維他命而罹患夜盲症的兒童。他曾合夥的公司都經營得很好，投資人不僅都能回本，還獲得金錢買不到的「超級快樂」感。[65]

二〇〇六年，尤努斯因提供數百萬件微貸款給貧民，獲頒諾貝爾和平獎。[66]到二〇〇九年，全球有一億兩千八百萬以上的赤貧者得到這種貸款，帶給一無所有的人希望。如今有兩百五十多個機構，根據格萊閩銀行模式，推動微貸款計畫，還有數千個微貸款計畫，靈感是取自格萊閩的原則。[67]

很多人認為，這種受尤努斯啟發的微貸款計畫，是過去百年來第三世界最重要的一項發展。

在尤努斯七十五歲生日前夕，他提出「貧窮應該進入博物館」，並談到美國人只要願意，可以如何終結貧窮。儘管他已到達成功顛峰，卻仍在追求向上人生，毫無退休之意。他反倒好像年紀愈大，愈有活力。

尤努斯為挑戰聽眾付諸行動，所以這麼說：「想辦法讓五個人不再失業。如果成功，再幫助更多人。你或許可以改變世界。」[68]他是推動造福他人的傳奇人物。

個人服務清單

絕大多數的人顯然並不具備像尤努斯、比爾與梅琳達．蓋茲、保羅．紐曼等人的能力、財力或影響力。他們的貢獻浩大，受益者眾多，他們的影響正在改變世界。然而也有無數令人鼓舞的例子，是名氣較小卻同樣成功，甚至是相當普通的人，他們不凡的作為對周遭人的生活產生正面影響。

各位的挑戰不是改變全世界，只是改變你的世界：你的影響圈，你可以直接促進這範圍內的公益。

要如何分配你的時間、資源、才華，由你決定。也許是做一些小事，像是為免費借閱圖書館蒐集圖書；與孫輩一起為兒童醫院做羊毛毯；或探視附近的獨居老人，替他在院子裡種花。你可以選擇每週一次，到學生太多的小學班級，陪孩子一起讀書；號召一群人清理社區內的髒亂之處；或是為本地收容所蒐集不太舊的衣物或冬季裝備。連簡單的服務也有用，例如在車裡備好無花果乾或蛋白質棒等健康零食，以便拿給挨餓的人。想想有沒有被遺忘的朋友或家人，也許可以打電話或探望他，給他打氣。在疫情期間，各地都有人主動發起街坊或社區供餐行動，而且經常是在自家車庫進行。鄰居和朋友則熱心回應，在艱困時期做這些正面善舉，支持失業的同胞。

有個婦女克服乳癌後，去拜訪其他正承受治療之苦的病人，給予她們迫切需要的鼓勵、正面的態度、對抗病痛並堅持下去的意願。有人則是積極在網路上，為難民募集援助，蒐羅補給品及資源，好讓新到的難民家庭可以好好融入社區。有一群每天打匹克球的長者，為每天花太多時間玩球感到有點內疚，於是決定在玩樂中，加入有意義的服務。「行善匹克球」（Pickleball with a Purpose）由此誕生。目前這些球友固定參加，為當地食物銀行提供食物；製作「外帶」健康零食包給清寒學生；為兒童醫院編織羊毛毯，以及其他社區服務專案。

環顧四周，你會發現有太多為周遭及影響圈內服務的機會。那不必是有特殊貢獻的特別行動，只要選擇你有興趣的事，著手去做。然後持續下去。

試想你能付出什麼，做些什麼，以帶給周遭的人正面的改變。請做以下的個人服務盤點，發掘各種可能性。向上心態告訴我們，在人生任何階段服務人群，對施與受雙方都是很大的福分。當你專注於未來能夠成就什麼，不要再仰賴過去曾做過什麼，就能積極展現「最好的還在前面」。有趣的是，未來的貢獻也可能是你這輩子至今最大的貢獻。

凡是具有以下任何特點，你就是改變自我世界的最佳人選：

- 時間
- 意願
- 影響力
- 才華
- 興趣
- 財力
- 技能
- 視野
- 熱情

記住你專有的能力與特點，結合創意思考，想想你在周遭看到的需求，以及可以如何回應。請在以下個人服務清單提供的空白處，寫下你的答案。或許你會意外發現，你能夠貢獻的比原本想像的多。

一、你的強項是什麼？你從本身的專業學到什麼？你具備哪些可以助人的才華（或天生特質）？

二、你熱愛什麼？你認為重要的是什麼？誰可以使你付出那種熱情？有什麼目標會使你願意出力？

三、你在社區或街坊看到哪些需求？你可以用什麼具體作為，去滿足那些需求，即使只是很小的行動？

四、你本身的家庭（直系及隔代）狀況如何？你是否知道，子女、孫子女、曾孫子女，及其他親戚，像兄弟姊妹、同輩堂表親、長輩姑姨叔伯等當中，有誰生活過得不平順？你可以怎麼做，以影響這些親人？

五、請列出兩、三個敬仰你的人，並決定你可以如何肯定及支持他們，成為他們信賴的導師？

六、你希望自己有怎樣的名聲？你希望身後留下什麼事蹟？

七、秉持向上心態，以及「人生以貢獻為目的」，你會選擇做些什麼？

除了為自己，也要做讓世界改變的事。

——諾貝爾文學獎得主、非裔美國作家托妮·莫里森（Toni Morrison）

PART 3

改變人生的挫折

斷音（*staccato*）：

副詞或形容詞：縮短或切開；中斷、突然、拆散

二〇〇八年八月十六日，克里斯欽與史蒂芬妮．尼爾森（Christian and Stephanie Nielson）搭乘西斯納小飛機（Cessna 177 Cardinal）做一日遊，做夢也沒想到，此行會永久改變他倆的人生。小飛機在亞利桑那州聖約翰加油後，意外墜落，起火燃燒。克里斯欽逃出機外，他以為史蒂芬妮也已逃出，可是她身陷火海，無法脫身。史蒂芬妮以為自己會被燒死，但是她突然感覺已過世的祖母牽引她的手，解開安全帶，並帶她走到機門。她逃出飛機時，全身著火，她聽見祖母叫她：「翻滾！」

克里斯欽背部骨折，身體百分之四十燒傷，然而他是機上三人中最幸運的。他的朋友兼飛行教練道格．金尼爾（Doug Kinneard），全身百分之九十燒傷。飛機將他送至鳳凰城亞利桑那燒傷中心後，因傷重死亡。史蒂芬妮百分之八十燒傷。為了使克里斯欽及史蒂芬妮的身體癒合，醫生讓他倆陷入昏迷。克里斯欽在約五週後醒過來，史蒂芬妮卻要將近三個月後，才恢復意識。

二〇〇八年十一月五日，史蒂芬妮終於醒來，卻發現雙手、手臂、腿部，都是三、四級燒傷。姊姊佩吉和母親在床邊，其他姊妹則幫忙照顧她年幼的孩子，分別是六歲、五歲、三歲、兩歲。

不久，尼爾森家搬到離孩子較近的燒燙傷中心，並開始漫長的身心復元過程。史蒂芬妮年輕漂亮，起先她無法照鏡子。等她終於鼓起勇氣，去看自己的新面孔，她說她「覺得像怪物！」子女原本也不太能面對她燒傷留下的傷疤。史蒂芬妮分享：「我最小的兒子尼可拉斯才兩歲，根本不記得我。他完全不想理我！我整個心都碎了。老大珍臉色蒼白得像鬼一樣，不願看我一眼。」克萊兒在珍警告她「別進去！」後，待在走廊上，不肯進來。只有三歲的奧利佛，好像處之泰然，在她的病床上玩得很高興。

孩子需要時間適應母親的新面容，史蒂芬妮也必須接受自己的外貌。她說：「我仍然難以接受那些疤痕。不過我記得，我對自己還有面孔或鼻子是多麼感恩……然後我看著家人和朋友，心想：『這一切都值得。』我是妻子，也是母親。那次事故不能剝奪我的身分。我不再那麼介意自己的容貌，因為有這麼美麗的家人圍繞著我，這是最重要的。他們不把我當面貌改變或能力變差的人看待。先生當我是他的妻子，小孩當我是媽媽。我覺得很美，因為我有美麗的人生。」[1]

有好幾千個「媽咪部落客」回應史蒂芬妮的故事，並透過車庫拍賣、氣球升空、慈善音樂會及其他活動，募款幫助史蒂芬妮支付龐大醫藥費。來自世界各地，包括中國與澳大利亞的捐款，超過二十五萬美元。[2]

史蒂芬妮昏迷時，曾感覺已過世的祖母在身旁，也記得她可以選擇，要留下來陪子女並忍受傷勢的疼痛，還是回歸上帝，不再痛苦。她後來選擇留下，並問祖母，回家以後要怎麼做，日子才會好過一點。史蒂芬妮記得，祖母只說：「分享你的希望！」

於是她照做。史蒂芬妮對自身意外悲劇的反應，並未阻止她追求向上人生，她鼓舞世界各地的其他人，用希望、勇氣、毅力，克服個人的挑戰。

她收到的表達愛與支持的信件和卡片，足以塞滿一整個房間。這令她感動萬分。在事故發生五個月後，史蒂芬妮在部落格中寫道：「每當我想起大家給我的所有支持，總是熱淚盈眶。我愛你們。」到撰寫本書時，她的讀者多達令人咋舌的三千萬人。他們每個月都會造訪史蒂芬妮的部落格，閱讀鼓勵與發人深省的訊息。在 Instagram 上，有將近十萬人受她的奮鬥精神及無比充實的人生所感召而追蹤她。[3]

史蒂芬妮在《紐約時報》暢銷書《此刻即天堂》（*Heaven Is Here*）中，寫下她令人難以置信的故事，及她的希望與勝利旅程。[4]由於她刻意選擇正面看待未來，並創造快樂人生，她的希望之聲啟發了無數人。她上過CNN的新聞節目「安德森．古柏 360°」、「歐普拉脫口秀」、美國廣播公司新聞節目「20/20」、國家廣播公司晨間節目「今天」等，接受過許多訪問，並成為很受歡迎的勵志講師。史蒂芬妮體悟到：「我可以忿忿不平，也可以力爭上游。」她選擇以自身經驗，鼓勵其他也遭遇重大挫折的人。

> 你曾經有過的際遇，不見得是你唯一的人生。
>
> ——美國作家安娜・昆德蘭（Anna Quindlen）

史蒂芬妮把她的人生分為「墜機前」（before the crash, BC）和「墜機後」（after the crash, AC），因為有時她好像擁有過兩個不相連的人生。不過她現在擁抱新生，並且採行祖母的「分享你的希望！」她針對本身或是家人有難的人，以向他們伸出援手為使命。

儘管飛機失事帶來難以承受的損傷，但是尼爾森夫婦也得到未遇難就不會有的可貴領悟。史蒂芬妮已脫胎換骨，她想要讓許多追隨者及朋友知道，人生還是可能再度變好。在某些方面，甚至使人生更圓滿，這或許出乎意料。

尼爾森夫妻以他們才懂得的方式，使婚姻變得更鞏固，家人之間也變得更親密。史蒂芬妮寫道：

> 我要孩子們記得，在我們的經驗裡曾經發生奇蹟。儘管如此艱辛，我卻很感恩，我也對家人的現狀感到驕傲。我的孩子如此年幼，經歷這麼多磨難，卻順利的度過難關。[5]

很多人回應史蒂芬妮的部落格，或是寫信表示她對重拾快樂人生的決心沒有白費，也啟發其他人，以同樣方式面對挑戰。有個女孩流著眼淚，對史蒂芬妮說：「你幫助我去做困難的事。」6

唯有透過悲歡離合，人才懂得自我及命運。

——據說出自歌德

所以要是你完美規劃的人生出了差錯，你會怎麼做？你會如何反應？你怎麼收拾殘局，繼續下去？你是否曾經被迫面對這種狀況？或有親近的人，一夕之間人生變得亂七八糟？我們通常無法控制自己的遭遇。然而我們可以選擇如何回應，這就會影響後續發展。史蒂芬妮依然在追求向上人生，只是結果與她的預期差很多。她已經學會快樂與不快樂一樣都是個人意志的選擇，只要不向失敗與絕望低頭，你還是可以享有快樂人生。

本節的幾則真實故事，主人翁或有名或無聞，都歷經改變人生的經驗，可是假以時日及不斷的努力，他們都選擇相信還有更多要完成及貢獻的地方。他們的境遇也許不幸，甚至十分悲慘，卻發自內心選擇向上人生，先讓自己過得更好，再幫助其他人。

我從像尼爾森夫婦這樣在不幸挫折後重拾快樂幸福的人身上，找到一些克服悲慘經驗的「基石」：

- 接納挑戰
- 相信人生可以恢復美好：自覺的選擇快樂
- 尋找協助他人的方法：分享你的希望

但願各位能夠從以下章節的勇敢例子有所收穫，讓這些實例在你面臨困難的挫折時，提升並激勵你。

CHAPTER

6

選擇漸強而非漸弱的人生

在被迫把隱藏的實力發揮出來之前，
我們甚至不知道自己有多強大。

——智利作家伊莎貝・阿言德（Isabel Allende）

安東尼・雷・辛頓（Anthony Ray Hinton）在法院尚未審理他的案子前，就被認定有罪。一九八五年在阿拉巴馬州某小鎮，雷因種族主義被貼上標籤，且遭構陷，成為與他無關的兩件謀殺案的嫌犯。儘管他有確鑿的不在場證明，也通過測謊鑑定，可是他窮，請不起好律師。事後證明，在他所住的種族歧視社區及當地司法制度下，好律師是獲得公平審判的關鍵。雖然檢方手上沒有可採信的證據，但是雷很快遭到判決，被送進阿拉巴馬州霍曼監獄，排上死刑犯名單。

他自知完全清白，曾十分信賴司法制度。可是被判死刑後，他無比憤怒，絕望至極。他把《聖經》丟到獄中床下，並決定與外界斷絕。雷正常時態度開放又友善，如今他一語不發。有漫長、痛苦的三年，除了來探視他的家人朋友外，不與任何人互動，包括其他囚犯或獄警。[7]

有一天深夜，雷被啜泣聲喊叫聲吵醒，是一個極度痛苦的囚犯在呼喊求助。那一刻，雷內心刻意壓抑的深層善心被喚醒。他是死刑犯，獨居一室，他無法改變這個事實，不過他發現可以做其他重要的選擇。

後來他把這段經歷寫成書，書名《陽光確實燦爛》（*The Sun Does Shine*）。他說：「絕望是一種選擇。怨恨是一種選擇。憤怒是一種選擇。我還有各種選擇，那種領悟震撼了我……我可以選擇放棄或堅持下去。希望是一種選擇。信心是一種選擇。善心是一種選擇。尤其愛也是一種選擇。」[8]

在這醒悟時刻，雷發現：「我可以選擇對外接觸……或獨自待在黑暗中……我跟每個人一樣，天生具有上帝賜予的：伸出援手、減輕他人痛苦的本能。那是天賦，人人都享有要不要運用這種天賦的選擇。」[9]

雷穿過牢房的柵欄，打破三年的靜默，安慰傷痛的獄友，對方說他母親剛過世。雷一整晚聆聽完全不認識的陌生人講述母親的故事，然後給他堅持下去的希望。雷決定現在是恢復希望和信仰的時刻。他撿起仍躺在床下的《聖經》，撢掉灰塵，承諾要忠於自己的價值觀，忠於他自知是個好人的自己，就算生活在死囚牢房的殘酷現實，也不要屈服於深切的絕望。

他也做出別的選擇。隨後的二十七年裡，他成為燈塔與光明，不但改變自己的精神，也把那種轉變擴及其他獄友。其中有五十四人，就在距他牢房僅三十英尺外被處決。他的影響力日增。他創造出死刑犯也有愛心的身分，引得其他人做出相同回應；他以愛心和幽默，影響周遭數十名囚犯的人生，並散播希望：「每個人不只有最壞的一面」，那是雷的律師史蒂文生（Bryan Stevenson）所相信的。[10]

儘管那是每日的掙扎，還要年復一年保持正面態度與不斷奮鬥，但是雷在非人的生活中，展現人性的力量，擴展本身的心智及想像力，以擺脫周遭的環境。他拚命看書，以走出監獄的局限。雷也懷抱強烈的希望，相信有一天他無辜的真相得以大白，他將獲得真正的正義與自由。

獨自關在牢裡十四年，案子毫無進展後，雷終於獲得辯護律師史蒂文生及平等司法倡議團隊稱職的法律扶助。史蒂文生立即發現本案駭人的司法缺失，在其後的十四年裡，不眠不休的為雷的重審官司辯護，曾數十次申請重審及上訴。

最後在二〇一五年，史蒂文生贏得美國最高法院少見的一致判決：安東尼・雷・辛頓所有被控罪名不成立。在坐牢近三十年後雷獲釋出獄，成為美國服刑最久、經證明無罪開釋的死刑犯之一。當雷終於走出監獄，他感恩的向家人及朋友這樣喊著：「陽光確實燦爛！」11

如同曾坐牢二十七年的曼德拉，雷走出長期徒刑後，明顯看不出憤懣，卻能夠寬恕。他解釋：「憤懣會破壞靈魂。仇恨對我有什麼好處？」他自覺的選擇，原諒那些起訴他的人。「他們搶走我的三十歲、四十歲、五十歲，但是他們搶不走我的喜樂。」12

雷萬分遺憾在牢裡虛度的那幾十年，令他錯失發展事業、結婚生子的機會，而那是他一直想要的。不過他不讓這些負面結果消耗他，毀掉他的餘生。雷認為：「我們必須在壞事發生後，想辦法復元。」[13]他深信未來還有重要的工作，只有他能做：為其他受到不公正起訴並坐牢的人抗爭。

雷獲釋三年後，完成一本令人不安但重要的回憶錄：《紐約時報》暢銷書《陽光確實燦爛》，講述他不僅學會在等待死刑的過程中活下去，並找到生存之道的艱辛過程。

雷的故事告訴我們，不論面對多可怕的情況或其他挑戰，我們仍然有選擇餘地。可以選擇像雷原本那樣，與外界隔絕，基本上過著漸弱的人生，最後是自我的力量變成零：＞。

儘管雷因種族歧視而遭到司法制度不當的判決，終究無人奪得走他的選擇能力。他選擇運用自己的信仰、希望、心智、想像力、善心、幽默、喜樂。當你我也在生活中做出這些選擇，如同雷甚至在面對死刑時的作為，影響力和力量就會成長，人生就會因向上提升而開始擴大：＜。

目前雷把時間奉獻給終生職志，積極參與相關運動及倡議。他成為傑出的演講家，也是威力十足的社區宣導家，與史蒂文生及平等司法倡議團隊合作。他們致力於促成刑事司法改革及司法制度平等，以免再有無辜的人遭受雷那種冤屈。雷由於對抗司法不公的重要使命，以致人生與影響力不斷擴展，他也成為一盞明燈，讓人從他掙扎、選擇、勝利的勇敢故事中，能夠有所領悟。

> 選擇的能力別人搶不走，甚至也無法放棄——只會被遺忘。
>
> ——美國作家葛瑞格・麥基昂（Greg McKeown）[14]

要是你不曾犯下重大失誤，或是從不需要重新開始，那很可能你活得不夠久。人生遇到挫折在所難免。我發現這些做法很有激勵作用，包括向做過不當選擇、曾受害於他人，或因殘酷命運而受苦的人去學習；設法給自己一點空間；原諒自己或他人；改變自己的人生，再幫助別人改變。

曼德拉的說法言簡意賅：「不要以我的成就評斷我。請以我幾次倒下又再起來評斷我。」[15]南非因為他的作為而永久改變。

那正是我們可以改變世界的方式，有時只要一個人，就能啟動改變的骨牌效應。下面會看到給自己或他人一點空間：第二次機會，奇蹟往往發生在這種時候，向上人生於此誕生。

第二次機會

二〇一一年九月五日，安娜．比尼納提（Anna Beninati）做了一個愚蠢的決定，從此永遠改變她的一生。當時她是科羅拉多州立大學新生，她迷上學校一種危險的文化：跳上火車以求刺激。她成功過幾次後，有一次看到同學因為上車失敗，被火車一路拖行。幸好那人及時滾下來，安娜卻繼續向前跑，不知道另一個同學在後面大叫，要她別往上跳，因為火車車速太快。

在火車隆隆聲中，安娜根本聽不到叫聲。她右腳踩上火車車廂邊緣，左腿卻拖在地上。她發現自己上不了車，就做了唯一能做的事，放開手。可是她未能像前面的同學那樣滾開來，雙腳落在火車下。她聽到股骨斷裂聲，以為自己小命不保。

幸好有醫技人員和護理師正在汽車裡等火車通過。他們趕忙過去急救，壓著她的雙腿止血。想要警告她的那個同學，剛好過去是醫護兵，背包裡奇蹟式的正好有一組全新的止血帶，讓他得以救了她的命。

安娜左腿完全截肢，右腿只剩一半。那恐怖的改變一生的時刻將永遠跟著她。

她說，發生意外前，自己是個悲觀、可憐的女孩，冷淡、急躁、憤世嫉俗，有厭食困擾。安娜向來不喜歡規則，「所以我現在坐著輪椅。」她對一群小學生這麼說。如今她把自己的經驗和學到的教訓告訴學童，希望她判斷錯誤的故事，能做為他們的借鏡。孩子們因為她的勇氣和幽默感都深受吸引，那些正是幫助她活下來的特質。她拿出一張弟妹的照片，苦笑著說：「以前我是大姊，現在我是小妹。」孩子們顯然很專注的聽她的故事，她警告大家，不要做出愚蠢的選擇，尤其明知道那不對。

在學童們聚精會神下，安娜告訴他們她如何應對新的現實。「我出院回家後，第一個星期非常生氣，也發現我必須做出選擇。我可以停住，什麼都不做，整天為失去雙腿覺得自己很可憐，也可以接受現實，繼續努力。你可以投降或是投入。回家第二週，我決定當天就要想出所有我可以做的事。」

安娜設法給自己第二次機會。她決定把重心放在仍然做得到的事上面，結果意外發現清單居然那麼長。她去學手騎腳踏車、舉重、保齡球、騎馬、游泳、攀岩、坐式滑雪，甚至高空彈跳。她學會倒立及讓輪椅前輪離地。在意外發生四個月後，安娜決定回到她失去雙腿的地方。她預期在那裡會感到憤怒和恐懼，實際到了卻反而覺得平靜。她也拜訪救了她的消防員，以表演輪椅舞蹈娛樂他們，以前的她絕不可能這麼做。

安娜需要做十多次手術，才能恢復到今天這種狀態，不過她從發生意外起，就更全心全意擁抱人生，日常行程十分忙碌，對認識她的人很有振奮作用。當她認為自己已經夠苦，且有更嚴重的健康問題需要面對時，飲食失調便消失了。如今安娜教授其他殘障人士運動課程，每週指導某青年交響樂團的團員，還會彈吉他、鋼琴，吹巴松笛。等她終於能與老朋友相聚時，他們看到她以如此正面的態度面對新人生，都感到驚訝。安娜說：「有夠奇怪，我現在比以前有腿的時候快樂多了。我總是對人們提到此事。我現在的狀況是以前該有的。這才是我的本色。」16

為自己打氣最好的方法，就是試著去為別人打氣。

——馬克・吐溫

後來安娜上「今天」節目，接受安・柯瑞（Ann Curry）訪問，分享她鼓舞人心的話語。她說：「人生不會因這樣的意外而終止。我選擇克服它，只管繼續前進。」當記者請安娜對大學生說幾句話時，她表達對生命感恩，並鼓勵他們在做決定時，聽從內在的聲音。她提出忠告：「遵照你的直覺。如果你覺得不對勁，不論什麼情況……你晚上獨自一人走路回家，你打算邊開車邊發簡訊，或是喝了酒還開車，要是感覺不對，就不要那麼做。我必須一輩子為我犯下的錯誤付出代價。」17

安娜樂觀進取的作風顯示，正面態度及相信過去的就讓它過去，有多麼大的威力。她可以過有美好未來的充實人生，也確實這麼過著。她不會只抓著失去雙腿的那個黑暗日子。難能可貴的是，儘管遭遇重大挫折，她的人生卻在擴大而非消減。她自覺的選擇實踐向上心態，遵守幾個人人採行都會有好結果的原則：

- 原諒自己並繼續前進
- 保持幽默感
- 遵照直覺：聽從內在的聲音

當你思考「改變人生的挫折」這一篇分享的故事，還有當事人所做的勇敢抉擇時，請記得以下重要原則：你不但是環境的產物，也是個人自主決定的產物。

我一直很喜歡這首寓意深遠的二行詩：

兩個囚犯望向牢房鐵窗外；

一個看到泥土，一個看到星星。

我們在現狀中看到什麼，受個人觀點影響很大。向下看，也許只看到泥土和柵欄；向上看，也許會看到日月星辰的光芒。我知道許多人覺得受到環境及際遇的桎梏，那大都是個人無法掌控的。然而禁錮他們的牢房很少是實體的，無法調整甚或移開的有形障礙或限制，即使存在，也很少。

人生就像舊時的火車之旅……誤點、轉軌、煙霧、灰塵、煤渣、顛簸，僅偶爾點綴著美麗景色，及令人興奮的狂奔車速。重點是感謝上帝讓你搭乘。

——美國牧師簡金．瓊斯（Jenkin Lloyd Jones）18

伊莉莎白．史邁特（Elizabeth Smart）被綁架時的遭遇，是所有父母的噩夢。一個十四歲孩子消失無蹤，對家人及聽說過此案的人來說都十分可怕。不過這件史上甚受關注的兒童綁架案，實情的確是如此。

二〇〇二年六月五日半夜，伊莉莎白在自己臥房，在刀尖下，無聲無息的消失了。

這宗綁架案及後續的救援行動，引發媒體無比關注。可是綁架犯逃過當局緝捕，把她囚禁在距她家僅三英里處。

在她隨後九個月的人生裡，一切遭遇都是她萬萬想不到的。後來她寫道：「那是活在地獄！在十四歲完美的世界裡，我上床睡覺，醒來時面前有個男人，他可能是惡魔本人。」[19]她發現綁架犯米契爾（Brian David Mitchell）與巴齊（Wanda Barzee）並無意要求以贖金來換她，而是要她加入他們狂亂的生活，當米契爾的小老婆及巴齊的奴隸。伊莉莎白不斷受到威脅，如果企圖逃跑，她或家人就會送命。她心想，唯一能獲得自由的方法，就是活得比綁架犯長，那還要過很多年。

隨後幾個月，伊莉莎白被鎖鏈拴住，像野獸般關在骯髒的環境中，忍饑受渴。她不斷被灌食毒品、酒精、色情內容，每天被年紀足以當她爸爸的邪惡男子性侵。[20]

伊莉莎白覺得身心完全崩潰。她知道那不是她的錯，可是她不知道經過這些事，還會不會有人愛她。後來她想起幾個月前受朋友冷落時，母親對她說過的話：

伊莉莎白……只有幾個人是值得你在乎的。上帝。還有你爸爸和我。上帝永遠愛你。你是祂的女兒。祂絕不會不理你。我也是一樣。不管你到哪裡，你做什麼，不管發生什麼事，我永遠愛你。你永遠是我女兒，這絕對改變不了。

伊莉莎白後來寫下那重要時刻：

我想通還有家人會愛我，這正是轉捩點。我在整整九個月的煉獄中，那果然是最重要的一刻。就在此時，我決定不論發生什麼，我都要保住性命……為了活下去，我什麼都肯做。[21]

那九個月裡，家人和朋友持續與警方合作，並盡可能使她一直吸引公眾矚目。綁架發生時，她九歲的妹妹就睡在旁邊，也一直醒著，妹妹最後認出犯人是好幾個月前在他們家做過修理工作的遊民。華許（John Walsh）（他的孩子多年前曾被綁架並撕票）把妹妹描述的歹徒資料，放在「美國最大通緝犯」（America's Most Wanted）名單上。二○○三年三月十二日，終於有人在電視螢幕上認出米契爾並報警。

當警方把她與那兩個歹徒分開時，問道：「你是伊莉莎白・史邁特嗎？」由於綁架者的威脅，伊莉莎白仍然很害怕透露身分。不過她後來寫著：

有一刻，我的世界彷彿完全靜止……我覺得平靜。覺得有保障。幾個月來的恐懼和痛苦，彷彿在陽光下融化了。我感到一股美好的信心。「我是伊莉莎白。」[22]

不過，伊莉莎白的故事並未因她成功獲救而結束。她所受苦難的後續影響之一，是全美執法單位從她高曝光的案子中汲取經驗，現在以不同方式調查兒童失蹤及綁架案。十年後，伊莉莎白（與史都華〔Chris Stewart〕）完成《我的故事》（*My Story*）一書，那是令人匪夷所思的回憶錄，詳述她那段經歷：

我試著鼓勵其他倖存者，做他們一生想要做的事，不要讓自己無法控制的事毀掉餘生……錯不在他們。那些遭遇不會使他們人格降低，或改變本色……開始好好生活永遠不會太遲[23]……我想人生有太多奇蹟，多到超出你我想像……奇蹟提醒我們，上帝是存在的，祂關心我們。在所有這些磨難中，我還是找得到些許希望之光。[24]

伊莉莎白勇敢的抉擇和非凡的影響力，不斷擴大到超出她的綁架案，在以下各節將可看到。

先改變自己

我從談判中學到的一課是，除非我先改變，否則我改變不了別人。

——曼德拉[25]

除了弗蘭克，我心目中另一位英雄是曼德拉，我認為他也是追求向上人生的超強例子。曼德拉雖然在牢裡度過二十七年，後來卻成為南非第一位黑人總統，結束種族隔離的仇恨年代。

他在牢裡那段漫長而看似虛耗的歲月中，是否真正知道或相信他最偉大的工作還在未來等著他？不確定。也許他不曾想過自己會成為國家的偉大領導人。儘管吃了很多苦，他仍維持價值觀，擴大影響圈，改變思維，以無比尊嚴堅持著。曼德拉在獄中鍛鍊出很強的自我意識，最後比起二十七年前走進監獄門的那個人，他變得強大許多。他是怎麼辦到的？

曼德拉在一九六四年因從事陰謀破壞被定罪，獲判無期徒刑。他被送往開普敦附近嚴酷的羅本島監獄，二十七年裡有十八年是單獨關在狹小牢房中，只夠放一張床及當馬桶用的水桶，並被迫在石灰石礦場做苦役。有段時期他一年只准有一個訪客，會面三十分鐘，每半年可以寫一封信。潮濕的環境使他感染肺結核，後來轉送南非大陸另二處監獄，又關了九年。[26]

曼德拉坐牢期間，引述他的話或刊登他的照片都遭到查禁，然而他與其他反種族隔離領袖仍能私運指導訊息給反對運動。他在獄中受到亨利詩作〈永不屈服〉的影響，那首詩激勵人們，不管環境如何，要選擇自己的命運。曼德拉經常引用這首詩鼓舞獄友。

自覆蓋我的黑夜中，
各處如礦坑般漆黑，
我感謝不論什麼神
為我不可征服的靈魂

在環境殘酷的魔掌中
我不曾退縮或大聲哭泣。
在機遇的重棒打擊下

我的頭流血，但不屈服。
在這憤怒與傷心地之外
隱約可見死亡陰影的榮耀，
然而多年來的威脅
應會發現我並不害怕。

重點不在於門有多窄，
名冊上充斥著多少懲罰，
我是我命運的主人，
我是我靈魂的統帥。[27]

曼德拉在獄中領悟到，他若想要領導南非人民，就必須先改變自己。他到羅本島時滿懷憤怒，是曾使用暴力以爭取自由的人；出獄時他學會聆聽敵人，並寬恕敵人。這是他成功促成南非和解的觸媒。

痛苦是個人改變的主要源頭。挫折帶來痛苦，它給你兩條路：憤恨或謙卑。

曼德拉的改變，使他做出難以想像的事：他與「敵人」——荷裔南非人獄警做朋友。他學習他們的語言，研究他們的文化，與他們一起上教堂，並改變自己及他們的心。他學會寬恕。他與獄警建立起真誠的友誼，直到他辭世。[28]

一九九〇年二月十一日，南非總統戴克拉克釋放已在獄中度過三分之一人生的曼德拉。由於他坐牢期間南非政府不公布照片，因此他可能是世上最著名但最少人認識的政治犯。「當我終於走過那幾道門……我感覺，即使已七十一歲，我的人生又要重新開始，」[29]他後來在自傳中寫道，「我知道如果不放下憤懣和怨恨，我還是在牢裡。」[30]

儘管黑白隔離那時還是南非法律，戴克拉克已著手進行全面改革，以解除種族隔離。希望與平等的新時代即將來臨。第二年，可恨的隔離法被廢除。

四年後，一九九四年南非舉行首次具充分代表性的多種族選舉，投票隊伍空前的長。意外的是選舉過程平和，全國朝同一方向聚合。曼德拉當選南非總統，戴克拉克是他的第一副總統。

當「情勢反轉」，占少數的白人起先害怕曼德拉總統會報復，不過他立即刻意做出許多努力，以促進了解差異與和解。[31]

曼德拉當選一年後，世界盃橄欖球賽在南非舉行。決賽前，他走進約翰尼斯堡的球場，身穿跳羚隊綠色球衣，以示支持南非橄欖球國家代表隊。對黑人而言，種族隔離年代最具體的壓迫象徵，就屬那受唾棄的球衣及全白人的球隊。那是重大的和解姿態，黑人白人都注意到了。比賽結束後，曼德拉總統再次走上球場，恭喜南非國家隊獲得冠軍，並頒發獎盃給球隊隊長。這傳達強烈的訊息：現在是時候拋開敵意，團結為一個國家。[32]眼見新黑人總統穿著綠色球衣慶祝南非獲勝，六萬三千名以白人為主的觀眾紛紛跳起來，高喊：「尼爾森！尼爾森！尼爾森！」[33]

二〇一三年十二月五日曼德拉逝世，享年九十五歲，他是全球犧牲與和解的象徵。他於一九九三年與戴克拉克同獲諾貝爾和平獎。南非以全國服務日紀念曼德拉的一生，以反映他這六十七年來參與社會運動及服務公益。[34]

曼德拉充滿挫折及最後勝利的人生，完美示範人在遭遇困頓後，如何追求向上人生：

- 先改變自己（由內而外），再試著去改變環境或他人
- 放下憤怒及仇恨，勿因失敗與絕望而放棄
- 藉寬恕的力量癒合，朝自己的目標前進

我基本上是樂觀主義者……保持樂觀包括把頭一直對著太陽，讓腳不斷前進。在許多黑暗時刻，我對人性的信心受到嚴厲考驗，但我不願也不能向絕望投降。那條路屬於失敗和死亡。

——《漫漫自由路：曼德拉自傳》35

伊莉莎白．史邁特年紀雖小，她也像曼德拉，選擇不要讓過去的悲劇決定她的未來。她回家那天，母親針對如何重拾歡樂，給了她最好的忠告：

伊莉莎白，這人的所作所為太可怕。再強的字眼，也不足以形容他有多邪惡、多壞心！他搶走你九個月的人生，你再也挽回不了。可是你可以給他的最佳處罰，就是活得快樂……繼續過你的日子……所以伊莉莎白，要快樂。如果你躲在一邊自怨自艾，或是一直停留在過去，抓著痛苦不放，那就是讓他偷走你更多的人生。所以請你不要這樣！……你要把每一秒鐘都留給自己……其餘的上帝會看著辦。36

伊莉莎白獲救六年後，她勇敢指證米契爾對她的所有惡行，包括她每天忍受的性侵。米契爾被判刑時，她對他說：「我知道你明白自己是在做不對的事。你完全知道自己在做什麼。可是我要讓你知道，我現在過得非常好。」[37]

伊莉莎白為追求更好的人生，最後做出與雷·辛頓相同的決定，並選擇如何應對她痛苦的經歷：

我只是做出抉擇。人生對每個人都是一段旅程。我們都要面對審判。我們都有高低起伏。我們都是凡人。可是我們也是自我命運的主人。我們如何回應人生，由自己決定。是的，我可以決定讓自己被那段遭遇縛手縛腳。可是我很早就決定，我只有一個人生，我不要白白虛度。[38]

伊莉莎白透過信仰信念，透過家人、朋友、社區的愛與支持，藉著騎馬和照顧馬，還有彈奏豎琴，找到通往療癒與快樂之路。

她也相信，對自己人生的好事表示感恩，可以給她原諒綁架犯的勇氣及力量。感恩與寬恕，是癒合傷痛與重新享受人生的有力工具。

再造人生

戴夫殺手麵包（Dave's Killer Bread）是美味又健康的麵包，目前在許多雜貨店都買得到。你或許曾注意到，包裝正面是一個肌肉男彈吉他的圖片，反面則是戴夫發人深省的救贖故事。不過他故事的獨特之處不止於此。

戴夫的父親吉姆．達爾（Jim Dahl）在一九七〇年代買下俄勒岡州波特蘭一家小麵包店，後來成為發芽全麥麵包的開路先鋒之一，用全穀物，不加動物油，烘焙出各種美味麵包，這在當時很罕見。吉姆和兩個兒子格倫（Glen）、戴夫一起在麵包店工作。可是戴夫不安於室，性喜反叛，對這家族事業也毫無熱情，他又有嚴重憂鬱症。為設法解決這狀況，戴夫求助於毒品，從此人生變了調。他因持有毒品、偷竊、攻擊、武裝搶劫被捕，最後被判十五年有期徒刑，在州監獄服刑。

格倫則買下父親的麵包店，改名為「自然烘焙」（NatureBake）。後來戴夫完成更生計畫，在二〇〇四年獲得提前出獄資格。

出乎意料，戴夫的家人歡迎他回來，哥哥並提供他真正最需要的：一個工作。戴夫能追求全新的人生，他歸功於格倫給他第二次機會。次年，戴夫和姪子到波特蘭農夫市場試賣戴夫開發的一種特殊麵包。幾十條麵包很快賣完，於是戴夫殺手麵包就此誕生。

到了秋天，戴夫殺手麵包的產品已出現在波特蘭的商店貨架上。公司原有約三十五個員工，此後陸續增加到三百多人。這個品牌目前在美加各地都買得到，並有忠實顧客「麵包迷」（BreadHeads，注：原意為金錢至上者）四十多萬人。

戴夫殺手麵包由於獨特的哲學：「給人第二次機會，以持久的改變人生」，更顯得與眾不同。

> 我們相信人人都能變得偉大。我們相信再造的力量，也承諾把第二次機會用於做持久的改變。我們以創造改變為使命。有太多好雇主不肯做出承諾，也有太多職場上有潛力的員工，即有上進心、肯努力、想要成功的人，卻遭到忽視。
>
> ——戴夫．達爾39

戴夫殺手麵包有三分之一的員工，都曾是重罪定罪犯。該公司製造部經理說，他最擔心的是不確定自己出獄後，有沒有人肯雇用他。他指出，出獄後若不徹底改變自己的人生，有百分之七十五的獄友會在五年內重回牢裡。

戴夫為促進更生人就業，設立「戴夫殺手麵包基金會」，他認為這可以減少大規模監禁及累犯等負面影響。其公司曾多次舉辦「第二次機會高峰會」，由政府官員、非營利組織代表及企業齊聚一堂，去除汙名化，並協助更生人走下去。給願意改變人生的人機會，即第二次機會。那種潛移默化的力量，使他們不但有機會謀生，也有機會再生。

戴夫自己承認，他還在掙扎中，可是也持續對抗挫折，再造自我：「你必須願意認清並承認自己的弱點……有許多痛苦，已經把有前科的人轉變為想讓世界變得更好的老實人，他一次一條麵包的去做。」[40]

歷經改變一生的挫折後，要再造人生固然十分困難，卻並非辦不到，對許多他人的人生也能產生正面影響。下面來看名叫歐娜的婦人。儘管沒有父母覺得應該比子女活得久，但是七十幾歲的歐娜，已經送走四個子女中的三個。她的獨生女，年僅十六歲時不幸死於車禍，數年後兩個成年的兒子又死於癌症。

歐娜雖然悲痛，卻把人生寄託於教小學生，並特別熱中於教授賞詩及寫作，一般來說是不會給這麼年幼的孩子教授這兩門課的。她富於創意、愛心，不吝付出，經常多出力去幫助有困難的師生。歐娜以三十八年資歷，獲得所屬學區表揚為傑出教師，那代表她實際造福成百上千的學子，帶給他們自信與熱愛學習。

歐娜自教職退休後重建自己的人生。如今她九十多歲，仍然維持滿滿的活動行程，年輕人都很難比得上。她一早起床，先忙花園裡的工作；再來是為人道中心和當地教會的服務計畫當志工；她固定磨小麥，並分送麵包給生病或需要鼓勵的人；她喜歡學習新事物；擔任社區交流季刊主編超過十年。她固定開車接送「長者」（雖然有些人比她年輕），載他們去參加活動或藝文表演。雖然現在她也面臨一些嚴重的健康挑戰，卻仍然想要有更多時間，去完成她正同時進行的多項計畫，包括撰寫個人歷史，還不打算很快就離開。

歐娜不同於旁人的挑戰，把她鍛鍊成特別有愛心、覺察力而敏感的人。她常常停下腳步，享受美麗的夕陽，或多采的秋色。即使只為她做過很微小的事的人，她也以細心的手寫卡片表示謝意。所有認識她的人都很愛她，欽佩她，而跟她不熟的人絕對猜不出，在那愉快、正面的舉止下，藏著極大的痛苦與煩惱。41

儘管歐娜遭遇到過多的挫折，她卻像代表音量加大、強度提升的漸強符號＜，不斷拓展人生及造福他人。

在改變一生的挫折發生時或發生後，追求向上人生的意義是：

- 相信並給自己第二次機會
- 絕不放棄對別人的期待
- 刻意努力，在新現實中再造自我人生

我喜歡在困境中能夠微笑、從挫折中能夠找到力量、藉反思變得勇敢的人。

——美國開國元勛湯瑪士・潘恩（Thomas Paine）

伊莉莎白・史邁特經常把她的遭遇比喻為手或腿上有一道很深的傷口。你可以選擇徹底清潔，上藥治療，防止發炎。傷口最後會癒合，有可能留下疤痕。不過疤痕最後也可能完全消失。或者你可以選擇不理會那個傷口。它也許會自行痊癒，也可能再度裂開，流血，化膿，遭到感染。

要不要適當處理傷口，是你的選擇，對改變人生的挫折也一樣。歐娜以服務別人再造人生。伊莉莎白則相信，每個倖存者都必須找到自己的復元之路。你可以選擇心理輔導、藥物治療、非藥物療程，或者你可以找到過去不曾發覺的熱中之事。再加上支持及關愛，時間到了，傷口就會癒合。

CHAPTER

7 找到你的「存在理由」

有活著的理由的人，就忍受得了幾乎任何考驗。

——尼采

假設你完美的人生毀於一旦，你會怎麼做？你該怎麼反應？你如何收拾殘局，繼續走下去？

我知道在一個美麗的住宅區，有一棟荒廢的房屋，醜陋的提醒著一段破碎婚姻。屋主夫婦離婚時，生氣的丈夫為了存心為難前妻（及跟她站在一邊的鄰居），任由房子十多年無人看管。如今油漆斑駁，屋頂需要修繕，百葉窗破損亂晃，草坪發黃，野草叢生。這不甘心的男人不打算出售房屋，因為他不想與前妻分賣屋的錢。

這名男子不為人生尋找新目的，反而讓破碎的婚姻限制他、毀掉他。追求向上人生（V）的反面，是走下坡的人生（Λ），其實際意義就是，音量和強度每況愈下。我想問這位一心想報復的男士：「為什麼你要讓前妻毀掉你的人生，讓她在你生命中依然占據重要地位？」他不接受既成事實，去尋找新的目的與快樂，那顆忿忿不平、不願寬恕的心，正在消滅他的靈魂與未來。

反之，我曾經因為認識、聽說、讀到有人面對慘痛悲劇，卻不願讓悲劇毀掉自我，使我感到十分鼓舞。他們找到每天起床的新理由。他們找到的人生目的是，不斷前進，改變世界，讓它變得更好。

一九八五年六月二十三日，曼佳麗・桑克拉里（Manjari Sankurathri）與六歲兒子斯里基蘭（Srikiran）、三歲女兒莎拉達（Sarada），登上印度航空公司一八二號班機，由定居的加拿大飛往倫敦度假。當飛機接近愛爾蘭海岸時，錫克教分離分子暗藏的炸彈爆炸，造成機上三百二十九人死亡，那是加拿大現代史上最大的集體謀殺案。死者屍骨無存。

有三年時間，人在渥太華的錢德拉塞卡．桑克拉里博士（Chandrasekhar Sankurathri）（人稱「錢德拉博士」）像行屍走肉般，度過擔任生物學家的日常，他無法相信妻子兒女都走了。「以前我會這麼想，也許他們降落在某個地方，也許有人救起他們。」經過三年傷痛、渾渾噩噩的生活，錢德拉博士做出無私的決定，要把個人痛苦轉換為造福祖國印度的機會。[42]

「我想在有生之年，做點有用的事。我需要一個目的……要是不去追求人生的意義，它就不會有意義。人人都有賦予生命意義的力量，也要把時間、身體、言語化為愛與希望的工具。」[43]

錢德拉在六十四歲時，辭去在渥太華的生物學家工作，他在那裡已住了二十年。他賣掉房子及財產，回到印度，目標是改善偏遠地區貧困人民的生活品質。他立刻注意到兩個鮮明的問題：一是失明猖獗，一是教育不足。

印度約有百分之七十五的人口住在鄉村，超過七億五千萬人，其中百分之六十生活貧困。走出都市，鄉間居民頂著大太陽，從早工作到晚，而他們營養不足的飲食，造成約一千五百萬人失明，成為殘障。

錢德拉也得知，這些窮困的成人大都不能讀寫，他們的子女則是念簡陋的學校，輟學率在百分之五十以上。因此錢德拉不顧深切的悲傷，拿出一生的積蓄，成立「桑克拉里基金會」（Sankurathri Foundation，以其妻命名），宗旨是改善貧民的醫療與教育。他在妻子出生地附近的小村落庫魯蘇（Kuruthu）一塊三英畝大的土地上，蓋起學校和眼科醫院。

目前基金會支持三項計畫：

莎拉達學校（Sarada Vidyalayam School，以其女命名）有小學及中學部，輟學率是令人吃驚的零。學校為這些鄉下孩子提供免費課本、制服、餐食、體檢，只要求他們願意學習，培養紀律。莎拉達學校一開始只有一年級，如今已成長到九年級。[44]

到了二〇一九年一月，已有兩千八百七十五個鄉下學生曾免費就讀該校，並有六百六十一個其他貧困家庭學生獲得獎學金，繼續就讀高中和大學。

某個在莎拉達讀完中小學的窮人子弟說：「我的一切都歸功於『桑克拉里基金會』

與錢德拉塞卡博士。沒有他們的幫助，我只能追隨父親腳步，做個粗工。」憑藉在莎拉達求學，這個年輕人在高中會考拿到九十六級分，進入著名的工程學校。

「斯里基蘭眼科中心」（Srikiran Institute of Ophthalmology，以其子命名），目前是地方上世界級的眼科中心。裡面有五棟建築，對印度六個區域提供眼科照護服務。早上送完學生上學的巴士，經常用於接送其他鄉間地區的眼科病人來就診。印度政府認可，斯里基蘭是全國十一個眼科醫師訓練中心之一，它設下的高標準，其他中心應加以仿效。

錢德拉驕傲的說：「我們的使命是以愛心提供眼科照護，人人平等，都能獲得診療，並且負擔得起。」病人住院時，斯里基蘭提供免費眼部檢查、手術與醫療、食物與住宿。該中心的工作信條是：「為盲人的生活點燃一盞燈」。[45]

自一九九三年以來，中心的規模大為擴增，目前共有十五個點。到二〇二二年，它服務過的病人，總計達驚人的三百五十萬，做過三萬四千次手術，其中包括一千多個病童，百分之九十的手術都是免費為貧民服務。[46]

錢德拉否認他的作為很特別，他說：「我只是一個平凡人，想要盡我所能去幫助別人。」還說：「那給我很大的力量。」[47]

他無私的放下自身傷痛，努力把他所在的世界角落變得更健康、更快樂，這麼做幫助他找到他的「理由」，並學會如何追求向上人生。

感謝上帝給我這些障礙，因為我透過它們找到自己，找到我的工作與上帝。

——海倫．凱勒

尋找意義

我最欽佩的人莫過於弗蘭克，他在納粹集中營裡倖存下來，後來出版了個人經歷《活出意義來》。這本書的核心訊息是，驅動人類的主要力量，來自尋找生命的目的與意義。他雖然受盡苦難，卻懂得傷口最終會癒合，也真心相信自己還有重要的工作等著他去完成。

弗蘭克在集中營時，並不把全部注意力放在悲慘的遭遇上，他運用想像力和紀律，在腦海中看自己，實際觀想將來會對大學生演講，講他此刻的親身經歷。這給他動機與目的，使他企盼有較好的結果，並堅持下去。他從經驗及觀察中相信，有目的感，有「生存的理由」，可以使人在逆境中存活。

我們真正需要的是徹底改變對人生的態度……我們必須教導絕望的人，你對人生的期待不重要，人生對你的期待才重要。我們必須停止詢問人生的意義，反而要把自己想像成是被人生質疑的人：時時刻刻，日日月月。

——弗蘭克，《活出意義來》48

後來弗蘭克記下，起先他用於評價誰會存活的標準是錯的。他曾檢視那些人的智力、生存技巧、家庭結構、當時健康狀況，可是那些因素無法解釋個人為何倖存。唯一重要的變數是，他們感覺自己還有未來：自己的人生還有重要的事要做。弗蘭克由此得知，想要恢復一個人在集中營時的內在力量，首先必須讓他看到某種未來目標。他寫到，有兩個人以為對生命已無可期待，便認真考慮自殺：

對此兩個案例，問題都在於要讓他們明白，人生對他們還有所求；還期待他們未來有所作為。我們發現其中一人，對他有期待的是他的小孩，孩子懷著孺慕之情，正在別國等著他。另一人……是科學家，寫了一系列的書，但是還有待最後定稿。他的工作別人無法代勞，就像受子女敬愛的父親，別人永遠取代不了……當你明白任何人都無法被取代，就會接受個人要為自己的存在負責，也有責任持續過著最充實的人生。當一個人意識到，對熱切等候他的人，或是尚未完成的工作，他有責任在身，就絕對不會拋棄生命。他知道自己存在的「理由」，也能夠承受幾乎所有「考驗」。49

弗蘭克逃過死亡集中營的劫難後，他的生活重心及終極最重大的成就與貢獻，就是明瞭找到人生意義有多麼重要。他發現找到活下去的「理由」，不僅是存活之道，也有助於相信每個生命都有它獨特的目的。後來弗蘭克發揮很大力量，協助他人發掘生命的理由。當他一九九七年去世時，一九四六年所寫的《活出意義來》已在全球發行二十四種語文，售出一千多萬本。

面對人生挫折，獲得寶貴教訓

你是否到過沙漠，看過仙人掌花盛開？仙人掌花由於色彩繽紛，有「大自然煙火」之稱。可是平凡的仙人掌，外皮多刺，外表又無看頭，怎會開出如此美到不行的花朵？有些仙人掌如巨人柱，在特定天氣下插枝不會生根，所以一定要用種子種，而且要等四十到五十五年，才會首次開花。50

你能想像嗎？半個世紀都不開花，然後終於從好像永遠生不出東西的乾燥植物，綻放出美麗花朵。這對面臨人生挑戰是多棒的視覺類比。就像仙人掌花，只要有耐心和毅力，挑戰到最後不會只是令人煩惱。挑戰與頓挫，經常好像只會帶來痛苦與折磨，可是堅持下去，經過時間淬鍊，寶貴的有用心得會出現。切記，磨難會帶來損失，也會帶來重大收穫。

再也找不到比逆境更好的對戰夥伴。不漂亮是真正的福氣……它迫使我發展內在資源。漂亮女孩會有障礙。

——前以色列總理戈爾達・梅爾（Golda Meir）

當我們經歷挫折、困難、悲傷，我們會從這些苦難學到同理心，也會學到信仰、勇氣、堅忍、耐力、服務、慈善、感恩、原諒等崇高美德。儘管可能遭受重大損失，但是也會有十分難得的收穫，因為我們將發現真正的、最好的自我。莎士比亞說：「甜美是逆境的用途。」

為克服逆境，我們需要：

- 找到可滿足個人的新目標：找到忍受考驗的理由
- 設法改善他人的人生：做促成好事的觸媒
- 為適合本身能力與品格的機會做好準備

只要做好準備，並務實的朝向上心態努力，你目的充實的人生指日可待。

伊莉莎白．史邁特遵照母親的忠告，在苦難之後，刻意選擇要過著快樂的生活。她諸多的成就包括：擔任美國廣播公司新聞特別評論員、到教會的法國分支服務、念完大學、結婚、目前育有三個小孩。在父母協助支持下，她在二〇一一年（被綁架八年後），成立「伊莉莎白史邁特基金會」（Elizabeth Smart Foundation），以防制對兒童的掠奪式犯罪為宗旨。成立基金會的目的，是為回答史邁特家的一個問題：「要怎麼做才能預防日後對兒童的罪行？」這代表他們的「理由」。他們的目標是透過教育宣導，讓孩子理解他們有什麼選擇，從而賦予孩子自我保護的能力，並支持執法機關援救被害者。[51]

在面對改變人生的挫折時，找到「理由」，對採取向上心態繼續前進十分關鍵。前面那些對抗個人挫折的例子頗值得深思，也顯示挫折可以使我們重新發現新的人生意義與目的。

做出勇敢抉擇

是選擇的能力，使人之所以為人。

——美國作家麥德琳・蘭歌（Madeleine L'Engle）

像雷・辛頓或伊莉莎白・史邁特這些人，他們面對看似難以克服的障礙，要如何繼續過著會有成果的人生？他們如何戰勝重大挫折，仍然獲得成功，甚至還有能力幫助別人，把人生變得更好？答案是，他們相信自己有選擇的餘地。

一九九〇年米高・福克斯的父親突然過世，他經歷了他口中「我人生最艱難的時期要來臨」的前兆。同年，他被診斷出早發性帕金森氏症。在三十歲正值事業一片看好的年紀，他得知很可能只能再工作十年。他寫下：「我的人生，正令人恐懼的滑出正軌。」

起先，福克斯拒絕接受事實，轉向酒精尋求慰藉。可是不久後他就發現，他只是在自我逃避。

「我躲不掉這個病，那些症狀，那些挑戰，被迫……只能接受，那只是承認現實狀況……我發現我唯一不能選擇的是，有沒有得帕金森氏症，其餘的一切全部取決於我。我選擇多了解這個病症，讓我得以對如何治療做出較好的抉擇。這麼做使病情進展減緩，使我身體感覺較好。我變得比較快樂，比較不會自我隔絕，恢復了人際關係……當情況變糟，不要逃避！你需要時間，但是你會發現，就算最嚴重的難題都有限度，而你的選擇卻是無窮的。」[52]

現在福克斯已成為帕金森氏症的「代表人物」，他為爭取醫療研究經費，在到參議院小組委員會作證前，甚至大膽放棄治療，以便忠實呈現他的症狀。自從被診斷出生病以來，他也寫了好幾本樂觀又發人深省的書。其中在《青春就是要跌跤》（*A Funny Thing Happened on the Way to the Future: Twists and Turns and Lessons Learned*）一書裡，他分享了成功祕訣：基本上是「拋開過去，活在當下」。

世上最可怕的人，是沒有幽默感的人。

——米高・福克斯

福克斯與妻子崔西．波蘭（Tracy Pollan）、四個兒女，過著充實而快樂的日子，只是那截然不符合他原本的期待。他每天刻意實踐兩個原則：接受與感恩。「過去已發生及將來可能發生的，沒有當下正發生的重要。要慶祝當下，沒有比現在更好的時光。此刻屬於你。讓別人來拍照……你只要微笑就好。」[53]

新冠肺炎疫情期間，福克斯煞費苦心的對助理口述他所謂的「揭祕回憶錄」，因為他生病，無法寫字或打字。《未來不一樣：樂觀者對生死的思考》（*No Time Like the Future: An Optimist Considers Mortality*）一書中，直率的透視他與不可治癒的疾病共生三十年的真相。福克斯以對演藝事業同樣認真及專業的態度，多年來透過以他為名的基金會，協助募得驚人的十億美元研究經費。[54]

即使福克斯現在不常演出，可是大部分人會說，他現在扮演更關鍵的角色，他鼓舞其他慢性病病人。對生命給他的功課，他刻意選擇盡可能做出最好成績，就算罹患改變一生的疾病，仍不忘追求向上人生。他承認：「我很耐得住困境。我學會與帕金森氏症共存，好事隨之而來。」他對還會有好事發生的正面展望，符合他所相信的：「我們最不缺乏的就是未來。直到關上門的那一刻，你都享有未來，但是關上就沒有了。」[55]

他能夠克服挫折的基礎包括：

- 明白再嚴重的問題也有限度，但個人選擇無窮
- 拋開過去，活在當下
- 選擇樂觀與正面展望未來

感恩的心使樂觀得以持久。要是你認為沒有可感恩的人事物，請繼續找尋。

——米高．福克斯

當然福克斯可動用的那種資源，並非人人都擁有。但即使是「普通人」，在經歷挫折後，也可以從追求向上人生，做出重大改變，並選擇去做不凡的事。

一九七五年五月十一日，布瑞蕭（Rick Bradshaw）到猶他州南部的包爾湖，去享受幾天輕鬆日子，與朋友一起開遊艇及游泳。一天晚上，他潛入水裡，去取回掉下水的行李袋。雖然他離岸遠超過一百英尺，可是水不夠深，他撞上沙洲。

此次潛水意外造成脊椎神經受傷，到了四肢麻痺的程度。

最初布瑞蕭以為，他才二十二歲，就必須住在護理之家跟一群老人為伍。他實在對這個想法興趣缺缺，因此有足夠動機去尋找其他選擇。

「我學習怎麼四處移動癱瘓的身體時，對位置和平衡都抓不準，常常使我落入無法回復的位置，動彈不得，要等別人幫忙才能站起來。所以我後來最先學會的是怎麼好好跌倒。在思考此事時，我體認到這對每個人做每件事都適用。」

他知道，他永遠無法恢復以前的能力，可是他漸漸明白，只要有練習的意願和耐心，他可以改進許多其他技能。

「由於事先就知道我幾乎所有的事都不能做，反而給我做得很糟的自由，不過我有信心，我會開始進步。我由此領悟到，『失敗』是更加投入的提示，它更有成功的樣貌，而不是阻止你前進。失敗導向成功。」

面對彷彿難以克服的挑戰，僅僅做到能夠獨立生活及操作，布瑞蕭就必須如他所說，進行「幾千次信心大冒險」。受傷後才十個月，他連寫字都有問題，也不知道會表現如何，就進入大學就讀，那需要很大的信心去冒險。

不久布瑞蕭決定不再接受政府援助，在他接受治療的醫院找到工作，儘管薪資比社福補助少。他也失去原本領的聯邦醫療補助福利，每月要自掏腰包支付一千美元。可是布瑞蕭說：「最簡單的就是整個放鬆，讓人照顧我一輩子。」據他表示：「靠政府生活，感覺像被關在療養機構裡。」

「我必須接受，我癱瘓得很嚴重；可是我明白，我可以重新決定要走什麼路，以取得我在意的東西。我真正渴望的是結婚，被愛，有自己的家庭，有個我喜愛的事業，還有學習和旅行。我發現，所有這些還是有可能實現。」56

布瑞蕭選擇：

- 挑戰先入為主的思想觀念
- 大膽從事「信心大冒險」
- 為關注他的人立下好榜樣

他自覺注定要做大事。他對家人說：「如果為關注我的人建立好榜樣是我的人生使命，那我就要盡全力去完成。」

最後布瑞蕭找到很棒的新事業，也娶到賢妻，並與一般人一樣賺錢及繳稅。他發現事業成功連帶其他方面也能成功。數十年後，他早上醒來，還是很樂意去工作，他的人生豈止是正常，根本是超出許多。他最近剛念完博士，並修完著名的醫療領導力訓練課程，目前正尋找下一步要做什麼。57

嚴格的紀律催生強大的力量。

——美國牧師舒樂（Robert Schuller）

刻意選擇不讓環境決定自己的未來，米高・福克斯與布瑞蕭藉此找到克服巨大挑戰的勇氣。

我教導子女，在受到新的或舒適圈外的事物挑戰時，要選擇「艱困時刻堅強以對」。艱困時刻需要極大的自律及勇氣，去面對與克服。

不過，這種時候的堅強，會顯現你我的適應力其實很強，這也會影響人生的所有其他時刻。

為堅強面對，我們必須事先刻意觀想，究竟可能面對什麼，要如何回應，然後決定怎樣憑藉勇氣及原則，不顧外在壓力，繼續前行。

只要保持穩定和耐心，等在這種艱困時刻之後的，通常會是較平靜的日子。

偉大人格並非形成於安穩的人生，或是平和寧靜的環境。心智活躍的習性，養成於對抗困難時。不平凡的需求激發不平凡的美德。當心智提升，並為吸引內心的景象充滿活力，此時原本沉睡的特質就會醒來，形成英雄品格。

——艾比蓋兒・亞當斯（Abigail Adams，美國第二任總統約翰・亞當斯夫人）給約翰・昆西・亞當斯的信（John Quincy Adams是其子，美國第六任總統），一七八〇年一月十九日[58]

把握當下，抓住今天

把握當下！還記得鐵達尼號上那些婦女揮手向甜點餐車說不！

——美國幽默作家爾瑪・龐貝克（Erma Bombeck）

在電影「春風化雨」中，羅賓・威廉斯飾演基廷，他是男生升學預備學校的英文老師，也是轉型人。片中有一段他為激勵拘謹的學生而向他們高喊：「同學們，把握當下，抓住今天！讓人生變得很特別！」

基廷是唯一會鼓勵學生超越一般要求，擺脫傳統學習方式，並從不同觀點看事情的老師。他希望這些年輕人用新觀念去看自己，發掘自己真正的潛能，嘗試新事物，失敗也在所不惜，去追求夢想，即便夢想看似無法企及。59

基廷挑戰他們要「讓人生變得很特別」，意思就是你我都有能力開創新局。一切取決於你。取得主導權，負起責任，活在舒適圈邊緣，甚至邊緣外，好讓自己成長壯大。

每當我們家有人有機會去從事、學習不一樣的東西，或嘗試具挑戰性的新任務，家人就會喊道：「好好把握！」父母鼓勵我們充分利用大好機會，就像梭羅所說：「吸取人生精華。」盡己所能追求成功。

我想小孩與長者都懂得「抓住今天」的概念，他們從容，也不趕時間，只是認真享受此時此刻。你是否看過孩子走在人行道邊緣，試著平衡自己，他母親卻急著想要進入商店裡？孩子正享受當下，沉浸於克服挑戰中，渾然不知母親認為遵守時間或行程很重要。如果你與坐在廊簷下、商店裡、教會中的老人交談過，他們絕對是絲毫不慌不忙。他們希望你留著，陪他們聊天，聽他們講新笑話或故事，根本未意識到你正在趕時間，必須去處理好似更重要的事。在光譜兩端的老少，不知如何就能處之泰然，我們在中間的人，卻被各種優先事項攪得一團亂。

威斯康辛州哈德森的社會企業家波爾（Todd Bol），二〇〇九年做了一個小模型，是只有一間教室的校舍，以紀念終身熱愛閱讀的母親，他母親曾是老師。波爾把模型屋放在自家門前的柱子上，裡面裝滿一些他最愛的書籍，然後邀請鄰居、朋友來讀，免費借閱。鄰居覺得這個主意很棒，使用率很高，於是他又做了更多模型屋，分送至其他地區擺放。威斯康辛大學麥迪遜分校的布魯克斯（Rick Brooks）看到波爾自製的模型，主動加入他，以分享好書及結合社區為目標。

這些圖書館以「借一本，還一本」為號召，從而促進社區聯繫，被稱為小鎮廣場。當這個概念遍及全威州時，兩位創辦人決定「把握時機」，成立非營利組織「免費小圖書館」（Little Free Libraries），影響所及不只威州，也傳到其他州。慈善家卡內基曾立下目標，要在英語世界資助兩千五百零八個免費公共圖書館，布魯克斯與波爾受他啟發，把目標定在二〇一三年底超過那個數字。結果他倆比預定日期早一年半便超越目標。[60]

他們每年持續穩定成長，其結果令人咋舌。目前這已蔚為全球書籍分享計畫，也是社會運動，好讓所有人都能免費看書，並以推廣識讀能力為目標。[61]不斷有研究發現，兒童手上有書，會大大影響識讀能力。可是生活貧困的兒童，有三分之二沒有自己的書。免費小圖書館為解決這問題，便在最需要它的地方設館。

波爾讓圖書更易取得的使命，在全世界產生骨牌效應。到二〇二一年，美國五十州及其他一百多國，都找得到免費小圖書館，每年分享的圖書達四千兩百萬冊。骨牌效應所及，全球共設有十二萬五千個小圖書館，從威州到加州，到荷蘭、巴西、日本，再到澳大利亞、迦納、巴基斯坦。

這個組織從董事會、贊助人，到地方館員，乃至借書還書的讀者，全部都是志工。免費小圖書館完全採榮譽制，靠源源不絕的人力，主動為社區服務，以維持營運。[62]

波爾願景中的世界是：鄰居間以名字相稱，人人想看書都不成問題，這正在逐步實現。儘管他不幸於二〇一八年因胰腺癌過世，他熱愛書本及學習的事蹟，仍舊繼續傳承下來，向上發展。

我真心相信，每個街區都應有免費小圖書館，每個人手中都應有一本書。我相信人們可以維護社區，建立分享制度，相互學習，讓自己在這星球上的住處變得更好。

——免費小圖書館創辦人波爾[63]

善用「智慧與主動性」化無為有

有個頗具深意的故事常被傳誦：有兩個人來到某處海灘，海灘上有幾百個漲潮時被海浪沖上岸，退潮時被困在沙灘上的海星。其中一人急急忙忙來回把海星丟回海裡，拚命想拯救那些生物。另一個人站著旁觀，笑他窮緊張。

他問：「你以為你在幹嘛？你丟幾個回去也沒差，太多了根本救不完。」

另一人不為所動，又撿起一個海星，拿到海邊，再丟回海裡。「對這一隻有差別。」

如果你是「辛普森家庭」的粉絲，或許還記得，有一集美枝喪氣的回到家，因為她以些許之差輸掉市級選舉。她十分驚駭的發現丈夫荷馬居然忘了投票！美枝很生氣，荷馬為自己辯護：「可是美枝，我只有一票，我投不投有什麼差別？」美枝生氣的回答：「可是我只輸一票！」

追求向上人生的意義在於，即使只有一個人，只要善用「智慧」和「主動性」，就能產生很大差別。不論你是誰，也不論你有沒有錢或影響力，只要你努力「化無為有」。

每當我家有人找藉口、逃避責任，或等著別人幫忙解決問題，即使是年紀較小的孩子，我們一定會對他說：「善用你的智慧和主動性！」現在往往我們還沒開口，他們就會說：「我知道，善用智慧和主動性！」

個人可以造成什麼差別？塞蕾絲特・梅根斯（Celeste Mergens）一直在肯亞為非營利組織工作，協助解決當地貧民窟極為猖獗的貧窮問題。在她祈禱能學會如何特別幫助兒童後，她因為一個從未想過的急切問題而在凌晨兩點半驚醒：「你是否問過，女孩們生理期怎麼處理？」她馬上電郵給會知道答案的聯絡對象。接到回信時她嚇了一跳，只有一句：「什麼都沒有！她們待在屋裡！」對方說，肯亞有六成女孩無法取得生理期衛生用品。

梅根斯得知，大多數女孩月經來時，不准去上學，在經期結束前都待在家裡。缺這麼多課對女性的未來危害極大，使她們學業落後，也導致很多女生輟學。如果無法畢業，就找不到待遇好的工作，可能很年輕就被父母嫁出去，完全沒有機會追求更好的未來。只因缺少生理用品，便製造出難以擺脫的貧窮循環，令梅根斯難以置信。

於是她和幾個朋友成立草根性非營利志工組織「女孩日」（Days for Girls），主要目標是為女孩找回不能上學的日子。他們的使命是，恢復世界各地的健康、尊嚴和教育，做法是提供可重複使用的女性生理用品，好滿足過去她們無東西可用的需求。

如今全球有成千上萬的志工，懷著愛心製作可重複使用的女性用品組，也有各國的在地婦女為滿足本身社區需要而製作。所有這些加起來，為女孩們帶來改變人生的日子，使她們現在上學也不用覺得尷尬或羞恥。貧窮的循環得以打破。當女生好好讀書，自信增加，社區健全得以維持，女性的前途也大大改變。肯亞女孩諾琳寫道：「有這些用品，我們可以做一些了不起的事。」桑切斯（Pedro Sanchez）博士曾觀察其影響，他說：「受過教育的女孩，對一個社區的發展可以產生深遠的影響。」[64]

只要保存得當，這些珍貴的衛生用品可使用達三年之久，相當於用掉三百六十片拋棄式衛生棉。最重要的是，女孩找回一百八十天上學日，婦女也可以連續工作三年不中斷，這兩種女性都保有尊嚴。在女孩日組織發送衛生用品後，缺課率下降幅度驚人，烏干達由百分之三十六降至八，肯亞由百分之二十五降至三。找回的缺課日總計高達不可思議的一億一千五百萬天，取而代之的是更多教育、尊嚴、健康和機會。

女孩日組織目前在全球的合作對象，有近一千個分會及團隊、公司、政府、非政府組織，截至二〇二二年五月，所觸及的婦女及女童遍及一百四十四國，達到驚人的兩百五十多萬人。女孩日組織賦予女性力量，也團結女性，它在全球各分會共有七萬志工。凡是想要大舉或小規模參與各地分會的人，都有當志工的機會。[65]

二〇一九年梅根斯獲頒全球英雄獎（Global Hero），以表彰她創辦並擔任執行長的積極努力，及協助他人找到服務的「理由」。她所有的努力及成就，全都始於提出問題，回應需求，設法找到解決辦法。

想想有哪些我們沒問的問題？

主，讓我的渴望總是超出我自認的能力。

——據說出自米開朗基羅

勇於做轉型人

重大挫折經常可以做為觸媒，幫助人們擺脫過往世代的「腳本」。無論你是否意識到，你我可能都在實踐破壞性或限制性的信念，那些是深植於我們的腦海及心中：

- 「我們家沒有人上大學，我們就是不喜歡正規教育。」
- 「我們家都是火爆脾氣！一定是愛爾蘭裔的遺傳。」
- 「我爸教訓我時會失控，父母怎麼對你，你將來也會怎麼對自己的小孩。」
- 「我和我弟都有工作做不久的問題，我們好像都會自毀前程。」
- 「我們家的女性多半都會離婚，簡直好像變成傳統，不遵守都不行。」

性虐待或遺棄或酗酒，可能一代傳一代。然而就算可能很困難，你也必須有足夠的自覺，看出問題然後刻意擺脫這些負面、毀滅性的人生腳本。

> 要改變一個人，必須改變他的自我意識。
>
> ——馬斯洛

惡性循環可以止於你。對沿襲不良家風的家人，你可以做轉型人。你的決定可以延伸到生命告終後，切實加惠於未來世代。

經典音樂劇「鳳宮劫美錄」中，藍斯洛想要為自己的不忠脫罪找藉口，他語帶求情的對亞瑟王說：「命運不是很仁慈。」他其實要說的是：「事情就發生了，我也無可奈何。」亞瑟王的回應充滿智慧，他激昂反駁：「藍斯洛，不可讓命運最後說了算！我們絕不可讓激情毀掉夢想。」[66]

無論生命是怎樣安排，或你面對的是什麼環境，你才是自我人生的決定力量。不要把舊腳本傳給下一代，你現在就可以用向上心態改變自己，截斷惡性循環。

轉型人對家庭與社會具有強大的影響力。你在生活中是否認識這種人？你自己可否做別人的轉型人？

《聖經》的《箴言》中有一節很有智慧：「缺乏遠見，自取滅亡。」遠見是能夠超前思考，以想像力和智慧擘劃未來。它對個人應該做到什麼及其理由，還有要如何達成，提供長期展望，也就是如何「以終為始」（《與成功有約》中的習慣二）。

馬拉拉．尤沙夫賽就是出人意表的例子，她兼具遠見與剛毅，成為全巴基斯坦兒童及婦女的轉型人。塔利班在她家鄉斯瓦特河谷禁止女童上學時，她年紀還小。到二〇〇八年九月，馬拉拉在白夏瓦演講，題目很大膽：「塔利班怎敢搶走我的基本受教權？」她們家十分重視教育，馬拉拉曾就讀父親創辦的學校，他是活躍的反塔利班人士（本身也是轉型人），對女兒影響甚大。

馬拉拉才十二歲時，曾匿名為英國廣播公司寫部落格，講述她在塔利班統治下的生活，以及她對女童受教育的看法。她的前進思想，使她成為當時全世界最著名的青少年之一。二〇一一年，馬拉拉獲南非著名人權鬥士屠圖大主教提名國際兒童和平獎，雖未獲獎，但是同年得到巴基斯坦第一屆全國青少年和平獎。總理夏里夫（Nawaz Sharif）恭喜馬拉拉時說：「她是巴基斯坦的驕傲……她的成就無出其右，無可比擬。世界各地青少年應該效法她的奮鬥與承諾。」[67]

她常接受訪問，又公開發言，使她暴露於危險中。死亡威脅被塞在她家門縫下，也曾刊在當地報紙上。她父母雖然擔憂，但是認為塔利班不會真的傷害一個孩子。馬拉拉卻明白，這些威脅是真的：

我有兩個選擇。一是保持沉默，等著被殺。一是大聲說話，然後被殺。我選擇後者。我決定大聲發言……我只是堅守承諾，甚至是固執，我想要看到每個孩子都接受良好教育，想要看到女性享有平權，想要世界各角落都和平……教育是人生的福祉，也是必需品。68

二〇一二年十月九日，塔利班派來的槍手登上她的校車，問誰是馬拉拉，然後用手槍指著她的頭，開了三槍。一顆子彈打中她前額左側，穿過整個臉孔，停在她肩膀裡。另外兩顆打中她同學，好在那兩人傷勢較輕。

企圖刺殺大膽發言反塔利班的十五歲女孩，引起巴國及國際強烈抗議，對馬拉拉的支持也紛紛湧入。她遭槍擊三天後，五十位巴國伊斯蘭教教士譴責企圖殺害她的人，但是塔利班放肆的重申，不只意圖殺害她，也要殺她父親。

馬拉拉遇刺後，昏迷了好些天，傷勢嚴重。可是一等她夠穩定，立刻被送往英國，接受多次手術。奇蹟似的，她腦部傷勢不重。日後她曾對紛至沓來的國際支持及祈禱表示感恩致謝。儘管威脅未斷，馬拉拉在二〇一三年重回學校，並繼續勇敢堅定的倡導教育的力量。

她的努力引發大規模運動，目標即她主張的讓每個孩子受教育。聯合國全球教育特使、前英國首相布朗，以馬拉拉的名義發起聯合國請願，有兩百萬人連署，要求到二〇一五年底，讓全球所有兒童都能上學。這促使巴基斯坦通過首個「自由與義務教育權法案」（Right to Free and Compulsory Education Bill），是該國重大教育突破。[69]

馬拉拉在二〇一三年七月十二日，十六歲生日那天，在聯合國特別召開的青少年會議上，對五百多個學生演講。經過刺殺案，如今她活生生、堅強的站在那裡，這一幕深深影響臺下聽眾，對她倡導的教育帶來希望理念，也是有力的證明。她雖年輕，但是所說的話振奮所有聽講的人：

各位親愛的朋友，十月九日塔利班開槍打中我左側額頭，也打中我的同學。他們以為子彈會讓我們閉嘴，但是他們失敗了。從沉默中，軟弱、害怕、絕望死亡！堅強、力量、勇氣誕生……我在此為每個兒童的受教權發聲……我們必須相信言語的威力與作用。言語可以改變世界……所以我們要發起光榮的聖戰，對抗文盲、貧窮、恐怖主義，讓我們拿起筆和書本。這是最強大的武器……一個孩子，一位老師，一支筆，一本書，可以改變世界。教育是唯一的解決之道。教育第一。[70]

馬拉拉十七歲時終於獲得諾貝爾和平獎，是有史以來最年輕的得主。她也獲得世界兒童獎五萬美元獎金。她立刻把這兩項獎金全數捐出，用於重建聯合國在加薩走廊的一所學校，並說：「沒有教育，永遠不會有和平。」馬拉拉以有影響力的轉型人，希望有一天能成為總理，領導她的國家。[71]這種遠見不言自明。

你看到東西；你問：「要幹嘛？」可是我夢想從不存在的東西；我說：「有何不可？」

——蕭伯納

對執著於良善目標的人，那種影響力人人都辦得到，只要有自覺的選擇如何回應自身的遭遇。馬拉拉的勇氣及遠見給予我們克服挫折的基石：

- 選擇成為家中或社區的轉型人，阻止負面、破壞式行為再繼續
- 相信自己有能力，也有力量選擇如何回應自身的任何遭遇
- 善用有遠見、能執著者的力量，以激發改變

> 歷史顯示，最崇高的勝利者在獲勝前，通常都曾遭遇十分慘痛的障礙。他們拒絕因失敗而氣餒，因此得以勝出。
>
> ——富比士（B. C. Forbes）

伊莉莎白．史邁特也成為轉型人，親身示範向上人生的威力。她的磨難經大肆報導後，國會所創設的計畫，現在已是尋找失蹤兒童的關鍵工具。二〇〇三年伊莉莎白與父親艾德受邀，見證小布希總統簽署為被綁架兒童訂立的全國「安柏警戒保護法」（Amber Alert Protect Act），安柏（AMBER）是美國失蹤案：緊急廣播回應（America's Missing: Broadcast Emergency Response）的縮寫。

如今這個系統不斷擴大，自二〇一三年一月起，安柏警戒訊息會自動傳給全美數百萬手機，到二〇二一年十二月三十一日止，有一千一百一十一個兒童由於這些警示，成

功獲救回家。[72]

伊莉莎白與美國司法部合作，撰寫倖存者指南〈你並不孤單：從被綁架到活得精采〉（You're Not Alone: The Journey from Abduction to Empowerment），鼓勵有類似經歷的孩子不要放棄，要明白悲劇事件發生後，還是會有好日子。[73]

伊莉莎白透過「伊莉莎白史邁特基金會」，以她慘遭凌虐後，重拾快樂人生的勵志例子，向無數受害者做出保證。她不斷講述自己的故事，以支持針對虐待、綁架、網路色情等受害兒童的防制及復元計畫。她對各地的受害者、倖存者及其家人而言，是強有力的鼓舞之聲。[74]

史邁特基金會也與 radKIDS 合作，那是防制對兒童罪行的非營利計畫，rad 是防禦性對抗侵犯（Resist Aggression Defensively）的縮寫。此計畫的目標是，教導兒童辨認危險狀況，告訴他們可以選擇哪些回應。radKIDS 在兒童安全教育方面領先美國其他機構，它在美國四十六州與加拿大，以革命性課程，共訓練過六千位講師，三十萬名兒童。

根據紀錄，在超過三十多萬名完成 radKIDS 課程的兒童中，逃過掠奪式綁架的有一百五十多人，免於性侵及可能遭人口販運的有好幾萬。這些孩子運用新學到的技巧，安全返回家中。據統計顯示，百分之八十三反抗、大叫、有所反應的孩子，都能逃離攻擊者；radKIDS 賦予兒童能力，取代恐懼，以信心、自重及安全技巧，面對危險情況。由於所學得的資訊和訓練，有數以萬計遭到性侵及凌虐的兒童，大聲說出遭遇，因而獲得制止惡行的必要協助。也有數千人逃過霸凌及同儕暴力。[75]

伊莉莎白遭到綁架時還很小，她卻漂亮的示範了追求向上人生，她向世人展現，雖然備受煎熬，但是她最重要的工作和貢獻，從過去到未來，總是確切的等在前方。正如C．S．路易斯的說法，苦難使她準備好迎接特別的命運，那種命運或許唯有她能充分實現。

> 我學到挑戰可以幫助我，以過去辦不到的更多同理心與諒解去接觸他人。當我們面對挑戰，很容易生氣或沮喪。可是當我們通過重大挑戰，就會得到去接觸他人的機會。我們能夠以原本辦不到的方式，去促成改變。由於我的經歷，我現在可以幫助其他人。我可以去接觸其他受害者，協助他們學習過得快樂……要是我沒有這可怕的經歷，我沒把握我是否會在意這類問題，繼而願意投入其中……我感激有這些幫助別人的機會。我的人生因而變得幸福。感恩的心幫助我保持健康的人生觀。[76]
>
> ——伊莉莎白．史邁特

PART 4 人生下半場

最緩板（*largo*）：

形容詞或副詞：緩慢且極莊嚴；緩慢、寬闊、來自拉丁文 largus，意為豐足。

漸快（*accelerando*）：

形容詞或副詞：來自拉丁文，意指「……加快速度！」

未來有比過去好得太多、太多的美事。

——C・S・路易斯

多年前，我為一群人上課，內容是我現在命名為「追求向上人生」的主題。我看到聽眾裡有一個人很興奮，一直想要與周邊的人講話。我很想跟他談一談。演講結束後，他解釋，他是巡迴法官，明年就要滿六十五歲，他一向認為到這年齡就該退休。我的話點亮他，他發現自己還有更多可以貢獻，並且地位也恰當。他自問：幹嘛到年齡就不工作？他多年的服務已為所在的社區帶來正面影響，況且他仍十分熱愛本身的工作。他發現他所住的城市，需要他協助解決他十分熟悉的複雜問題，而且那類問題一直在增加。他透過向上心態展望未來，發現自己最重要的工作可能還等在前方，他為此感到精神一振。

「退休」，或在人生特定時期結束所有工作，這是相當新的觀念。回顧過去，你會發現，歷史上許多偉人從來不會只因為年齡就減少工作。過去與現在都一樣，許多人到七、八十歲甚至更老，仍然工作有成，對本身領域做出卓越貢獻。如今，執行長、教育家、律師、企業家、教練、政治人物、科學家、農人、商店老闆、運動員、零售商、醫師，各行各業都有人不理會退休這個錯誤的社會觀念。他們只顧年復一年不斷做出貢獻。多虧醫學的突破，不過才一、兩代前，是我們祖輩鞠躬盡瘁的年齡，我們現在卻可以預期還有好多年充實的人生可過。

出乎大家的意料，我六十四歲時，與珊德拉一同蓋起我們一直想要的「夢幻屋」。我們在九個子女都差不多長大後這麼做，是因為想要有個地方可創造美好的家庭文化，讓孫兒孫女可以跟堂表親成為最好的朋友，全體家人也可以聚在跨世代的屋子裡，放鬆、歡樂、彼此扶持。

兒子大衛不相信我在接近他以為的「人生終點」時，會做出這種事。為了逗我，他站在工地，雙臂大開，表示敬畏，並直接對我大聲喊道：「人生已近黃昏，可是他蓋起房子來了！」

所有人都大笑，包括我。不過我向來認為要做的事還很多，家庭與住房正是其中重要的環節。房子蓋好後，至今已成為休憩復元，與遠離塵囂、重拾歡笑與學習的地方，也是逐漸繁衍的家族未來可享用多年的聚會地。

我希望讀者明白，開放的迎接服務及造福他人的機會有多麼重要。年齡不成問題，因為你最好、最重要的工作可能還等著你。我百分之百相信這一點。有太多情況是，人生的前三分之二是為最後三分之一做準備，而在最後這一段，你會有最好的貢獻。

一九四〇年，正值被稱為英國最黑暗的時期，邱吉爾六十六歲出任首相時這麼說道：

> 我覺得好像是在與命運同行，我過去所有的人生，都在為此刻、為此次考驗做準備……我認為我很懂得如何去應對，我很有把握自己不會失敗。[1]

在人生下半場，你的資源、經驗、智慧都是前所未有的多。也有太多需求等著你，有太多任務要完成，怎可考慮「退休」。也許你從事業或職場退休，但是絕不該從有意義的貢獻退休。有各種精采絕倫的冒險等著你！

CHAPTER

8

維持前進的動力

對我而言，退休就是死亡。我不懂，人為什麼要退休。

——名電視主持人葛里芬（Merv Griffin）曾開創製作「危險邊緣」（*Jeopardy*）及「財富大轉盤」（*Wheel of Fortune*）等節目

在我所著《第3選擇》裡，曾引用塞利（Hans Selye）醫師《人生壓力》（*The Stress of Life*）中的一段話，對退休及隨之而來的後果，這是最有見地的看法：

> 隨著年紀增加，大多數人逐漸需要更多的休息，不過每個人老化的過程並非都以同樣的速度進展。許多有價值的人仍然可以提供給社會數年有用的工作，當他對於活動的需求和能力仍然高昂時，卻因到了年齡的限制而強制退休，如此便造成身體疾病以及未老先衰。這類心因性的疾病非常普遍，已經被取了個「退休病」的名稱。

塞利在書中把壓力區分為兩種，一是令人不快而有害的「壞壓力」（distress，dis = bad〔壞〕），一是有用的「好壓力」（eustress，eu = good〔好〕）。他發現，退休後不像上班時，保持投入或與外界連結的人，免疫系統會趨緩，體內退化力量會加速。可是參與有意義的工作或計畫，從中接觸到「好壓力」，就能體驗滿足及活得有目的。[2]

塞利醫師認為，想要活在無壓力狀態下的人，其實會比較短命，因為生命要靠好壓力維持，好壓力是指我們的現況與期待達成的美好目標，其間出現了緊張關係。當我們回應他人有意義的工作，自己的人生也會變得更有意義。

波罕（Suzanne Bohan）與湯普森（Glenn Thompson）在《五十種長壽小祕訣》（*50 Simple Ways to Live a Long Life*）中，討論到在日本眾所皆知，也普遍實踐的哲理ikigai（活著的理由），它促使人們建立正向的人生目的及滿意感。日本政府推動的Ikigai基金會，鼓勵長者獨立，以減輕家庭及社會體系的負擔。對一千多位日本老人的研究發現，實踐Ikigai的長者，比不實行的長壽許多。另一項研究也指出：「有強烈動機要達成某個目的的人，比沒有動機的人，情緒低落的情況少很多」。[3]

另一項研究的對象，是一萬兩千六百四十個認為人生有意義的匈牙利中年人，結果發現他們比感覺人生沒有目的的人，罹患癌症和心臟病的比率低很多。藍色寶地專案（Blue Zones Project）是研究世上某些最長壽的人，研究結果發現，有人生目的感或只是有起床理由的人，是許多百歲人瑞的共同特徵。

持續研究健康現象的凱尼克（Harold G. Koenig）醫師寫道：「覺得個人生命有所歸屬，並受靈性價值觀引領的人，免疫系統較強，血壓較低，得心臟病和癌症的風險較小，癒合得較快，活得較久。」暢銷書作者暨「喬布拉健康中心」共同創辦人喬布拉（Deepak Chopra）相信：「人生有目的帶給人們滿足與喜樂……也可以讓你體驗快樂。」[4]

波茲（Walter Bortz）是醫師，也是受尊敬的成功老年權威，他在暢銷書《勇敢活到百歲》（*Dare to Be 100*）中寫道，隨著年齡增長，責任反而應該增加，不是減少。「年紀愈大應該負愈多責任，因為我們把環境塑造成適合我們所用。」波茲認為，我們應該繼續參與人生大小事，為更高的目的運用本身才能。不過社會制約我們產生相反想法，因此我們傾向於年齡變大，就退避朋友、家人及社交圈。

波茲建議年長者努力體會工作的「流動」，好充分沉浸在有趣的計畫及努力中，那樣時間會過得很快，你幾乎不會注意到。他發現：「這般全心全意的認真生活，不僅讓人活得更久更好，也讓人不會拖泥帶水。你要把腳整個踩在油門上。不要怠速！」5

我們要抗拒年紀大就退縮的傾向，要參與為你及他人提供意義與目的的活動。不要染上散播「退休症」的精神及社會傳染病。仔細觀察，你會發現許多突出之人的例子，他們在這充滿生氣的人生下半場，過著生龍活虎的快樂生活。以下是幾個不同行業的實例。這些人還能做出許多貢獻，也相信退休症的解藥就是活得有目的。

喬治．伯恩斯（George Burns）是少數成功跨好幾代的藝人，他表演過歌舞雜耍，做過廣播、電視、電影、單口相聲、出唱片、寫書，叱吒演藝界不折不扣九十三年！年近八十歲時，他以「陽光小子」（*The Sunshine Boys*）獲得奧斯卡最佳男配角獎，是此獎項年齡最大的得獎者。當時他已有三十五年未演過主要角色，他開玩笑說，經紀公司不想讓他過度曝光。贏得奧斯卡獎使他的人生朝向漸強，開啟驚人的事業第二春，他忙著拍電影和電視特別節目，直到九十好幾都沒停。

這位傳奇諧星在九十多歲時，以他著名的「正經男」（straight man，喜劇中故作正經的演員）式幽默宣布，他要在倫敦守護神劇院慶祝百歲壽辰，並說：「我現在死不了，我邀約滿檔！」他總共寫過十本書，有兩本是暢銷書，其中一本書名頗為貼切：《如何活到百歲——或更久》（*How to Live to Be 100—or More*）。他寫到做到，在百歲時過世，直到最後一刻還在工作。他曾開玩笑，要待到演藝界只剩他一人，最後他在一百歲時做到了。[6]

納斯卡賽車（NASCAR）的選手，很少有超過五十歲的，更別說八十歲，可是麥格里夫（Hershel McGriff）打破賽車界對年齡的刻板印象，引起矚目。麥格里夫八十一歲時，在波特蘭國際賽車場，成為納斯卡賽車有史以來最高齡的賽車手，在二十六人的競賽中，拿到第十三名。他參賽不只是為凸顯老當益壯，也為在他最愛且競技近一甲子的運動上，再展現一次實力。[7]

當許多老人推著助行器，或坐在輪椅上，麥格里夫卻不肯退休。他曾獲得十二次年度最受歡迎賽車選手，並在七十九歲時正式進入美國賽車名人堂。不過他最大的榮耀還在其後，他獲選納斯卡賽車名人堂二〇一六級的五位傳奇人物之一，只有少數賽車手得過這個獎。[8]

麥格里夫說：「我想過，到八十歲時，要到某地試試短程賽車，看看我還跟不跟得上年輕人。」他當然跟得上，八十四歲時他參加了加州索諾瑪賽車場的比賽。[9]

有研究顯示，老年仍繼續工作，可能有利於長壽。追蹤殼牌石油三千五百個員工的研究發現，五十五歲退休的人，十年內過世的可能性，是同年齡還在工作者的兩倍。歐洲有一項研究，是追蹤一萬六千八百二十七個希臘人長達十二年，結果發現，早退休的人比繼續工作的人死亡率高出百分之五十。「美國國家老年研究院」（National Institute on Aging）創辦院長巴特勒（Robert N. Butler）醫師說：「讓人覺得生命有目的最容易的方法，大概就是工作，所以請考慮能做多久就做多久。」[10]

二〇一八年，有三位雷射科學家，因為對物理學的貢獻，獲得諾貝爾獎，其中一人是亞希金（Arthur Ashkin）。一般相信，高齡九十六歲的他是史上最年長的諾貝爾獎得主。對大多數人而言，得獎應當是長期研究科學成績斐然，獲得彰顯與肯定，不過亞希金並不這麼想。他「告訴諾貝爾獎主辦者，他可能無法為得獎接受訪問，因為他正忙著寫下一篇科學論文」。亞希金在科學領域顯然還大有可為，他不想被別的事耽擱。[11]

然而到二〇一九年十月，德國出生的古迪納夫（John B. Goodenough）榮登諾貝爾獎最高齡得主。當時他已九十七歲，因研究膝上型電腦及智慧型手機所用的鋰離子電池，而獲得諾貝爾化學獎。他對記者說：「我極為高興，鋰離子電池對全世界的通訊很有幫助。」他繼續在實驗室工作，並無計畫從自己喜愛的領域退休。[12]

艾爾德（Irma Elder）從未打算在家族事業上班，可是當丈夫因心臟病突發意外過世，當時五十二歲、害羞、有三個孩子的家庭主婦，突然面對重大決定：她可以賣掉丈夫在底特律經營不善的福特經銷店，但是賣不了多少錢，也可以自己接手經營。艾爾德發現，她有把汽車經銷店轉虧為盈的本領。她學會如何與車廠、銀行、貸款公司角力，然後持續工作了二十年，並在年近八十時，又開設第九和第十家經銷店。後來她名列捷豹汽車全球頂尖經銷商，她經營的「艾爾德汽車集團」（Elder Automotive Group），則成為美國最大的拉丁裔企業之一。

現有三個孫子女的艾爾德說：「如果要問我何時退休，答案是，當我不再覺得有趣時。工作讓我活力十足。」她也是女性跨足汽車經銷業的先鋒。「我想現在還是有那種觀念，認為女性無法做汽車經銷這一行。那又怎麼樣？我坦然接受，我知道我會打破那道玻璃天花板。年紀愈大，愈有耐心。」[13]

卡特（Elliott Carter）六十五歲時，以〈第三號弦樂四重奏〉（*String Quartet no. 3*），獲得第二座音樂類普立茲獎，並在八十六歲時，以一首小提琴協奏曲得到第一座葛萊美獎。九十歲時他震撼音樂界，嘗試新類型作曲：歌劇。《波士頓環球報》以〈再來要寫什麼？〉（What's Next）為標題，在罕見的評論中論及其歌劇作品。作曲家卡特到晚年仍然十分活躍，在九十到百歲之間，共發表四十多件作品，十分驚人。「說起『大器晚成』，我花費很長時間，才把心中無法明確具體化的東西表達出來。就彷彿學習一種新語言，一旦學會基本字彙，用起來就比較容易，可以憑直覺。」

他多年來的例行作息是，一大早起床，在他感覺創造力最高峰的時刻作曲。滿百歲後還發表了二十首曲子，最後的作品完成於一百零三歲，他過世前三個月。卡特一直作曲到第十一個十年，工作到生命最後一刻，成為樂壇奇譚。他是美國當代古典音樂最重要、最長壽的作曲家，他的一生證明：「好運眷顧願意等待的人」。[14]

威廉斯（Clayton Williams）在六十歲時，決定結束四十年成功的工程師生涯，不再經營他的「威廉斯設備與控制公司」。不過他不是要退休，去打高爾夫，輕鬆度日，甚至也不是環遊世界。相反的，他做出大膽決定，要改變方向，開創截然不同的事業：當藝術家。他向來把畫畫當嗜好，也與母親一樣有敏銳的審美眼光，他覺得現在是進入藝術世界的時機。儘管大多數人認為工程和藝術是南轅北轍。威廉斯卻不擔心到人生下半場才著手大改行，反而急切的想要開始多用右腦。

他把所有時間投入訓練繪畫技巧後，很快便開設「威廉斯藝廊」，展售早期及當代畫家的作品，以在地西部藝術為主，他也喜歡推廣有天分但尚未賣出作品的年輕畫家。威廉斯研究他信任的大師，向他們學習，很快就收學生，教各種藝術研習課程。他參加畫展，也在個展展出畫作，並編著介紹其他藝術家的各種藝術書籍及雜誌。

到八、九十歲時，他仍在藝廊做全職工作，他自稱：「我不知道不工作要怎麼辦。我的朋友打高爾夫和橋牌，那很有趣，可是無法滿足我。我喜歡手上隨時有案子在做，有挑戰也有回報，我對每天會發生什麼很感興趣。」

威廉斯已完成並賣出數千幅畫作，也把很多畫送給家人。

數十年來除了收藏畫及賣畫，威廉斯也在社區勤奮的擔任許多藝術及慈善團體的董事。他還自己成立基金會，幫助有困難的人，包括個別教導處境危險的六年級學童，提供低收入高中生獎學金，為遊民供餐，也一直參與社區的其他助人計畫。

威廉斯雖然生活富裕，但錢從來不是他推展藝術的動力。他很容易就決定捐出畫美國西部的頂尖畫家迪克森（Maynard Dixon）一幅稀有作品，給當地美術館，好讓更多人欣賞，而非只賣給一個人。他也捐過幾幅其他珍貴畫作給美術館，並未靠那些賺錢。

他在自己的藝廊工作三十二年，並作畫到八十歲，最後到九十四歲時，他現在在家裡賣畫，仍積極參與及貢獻美術界。儘管他一生都面對健康上的挑戰，可是他打網球單打賽，一直打到八十五歲，令比他年輕的對手感到意外。

如今他絕非無所事事，他積極參與各種活動，還在追求向上的人生。他每天保持頭腦清明，在電腦上撰寫母親的生平，分享對其基金會成長的想法，擔任某藝術團體的理事，建立拿作品給他銷售的人脈，編排即將出版的藝術書籍，也喜歡與他人丁興旺的大家庭團聚。

回顧過去，他說：「我後來做藝術那些年，是我最充實的歲月，因為我能夠貢獻社會，做出回饋。我交了好多新朋友。我感覺自己的貢獻有價值，那真是太幸福了。」令人驚訝的是，他還在尋找下一個「挑戰與回報」。15

七十九歲的鮑曼（Barbara Bowman）曾擔任芝加哥市學前教育科科長八年，督導針對三萬名幼童的各項計畫。她以學前教育先驅著稱，一生事業都以幼童為對象。她是享譽國際的學前教育專家，身兼教師、講師、作家、教育行政主管，也是「艾瑞克森兒童發展研究所」（Erikson Institute）三位創辦人之一，後出任所長。鮑曼不辭辛勞追求更高品質的學前教育，以及更完整的相關訓練。八十一歲時，她曾任歐巴馬總統任內美國教育部長的顧問。[16]

鮑曼是很有心的老師，又很愛孩童，到九十一歲仍然積極投入各種教育目標，並樂於在每週末邀請十五至二十五人來晚餐。她說：「我這麼做有五十年了，那是我保持年輕的祕訣。」

她認為年長有顯著的好處，她說：「你可以做自認是對的事，不必擔心會影響到事業……隨著年齡而來，也會有一種急迫感：我不知道我還剩下多少時間，所以我不想浪費在不重要的事上。」[17]

在此要澄清，我分享這麼多各式各樣的故事和例子，不是要讓讀者感到愧疚，而是希望能鼓舞各位，考慮在這人生的關鍵時期，你也可以做些什麼。我的目標是為各位打一針「退休症」解毒劑，要各位相信人生下半場可以有機會很充實：只要尋找出人生目的。蕭伯納把本章的精要說得很透澈：

> 被你自己認可為偉大的目的所利用，是人生真正的喜悅。那是來自自然的力量，而非狂熱、自私的無病呻吟，為自己得不到快樂而怨天尤人。我認為我的人生屬於整個社

會，只要我活著，就有為社會盡一己之力的特權。我希望在離世時，已充分被利用，因為我愈是努力，愈能活得更充實。我為生命本身感到十分喜樂。對我來說，人生不是小小蠟燭，而是有如燦爛的火炬，此刻由我舉著，在交棒給未來世代前，我要讓它盡可能燃燒到最亮。18

放下事業轉向貢獻

然而要是你覺得跟這些所謂「高成就者」不同調，那該怎麼辦？也許你不太能接受蕭伯納的個人箴言：讓世界變得更好，才能找到真正喜樂。也許你有類似以下的疑問：

- 如果我喜歡退休去打高爾夫或旅行，又如何？
- 這些（狂）人為什麼想要工作那麼久？
- 我累了。這許多精力、奉獻、熱情從何而來？
- 渴望持續工作、服務、貢獻是天生而來，還是個人選擇？
- 是否人人都能做這種選擇？

首先，我並非提議人人都應該工作到倒下為止。如果你到七、八、九十歲不想再工作了，那絕非特例。隨著年齡增長，你可以選擇不要再過朝九晚五的日子。你最可能想要做以前全職上班時沒空做的事。現在是理想的完美時刻，可以培養新嗜好，與家人朋友多相處，不怕被干擾，或是旅行，享受閒散。這些全是人生下半場的美事。

不過話說回來，我希望鼓勵各位，像擠果汁般，擠出你所有能做出的貢獻。你可以從正職退休，但請千萬不要從為生命做出極有意義的貢獻退休。我所提議的是，大家都從新觀點、從不同思維，去看待退休。向上心態的思維是，自覺的選擇脫離被工作及事業主宰的人生，轉向以貢獻為重心。

如果我對別人不再有用，那是什麼人生？

——歌德

開創研究領導學先河的班尼斯（Warren Bennis），寫過三十餘本關於領導的暢銷書。他到七、八十歲都還在工作及寫作，八十五歲時開始寫回憶錄《驚喜的年代》（*Still Surprised*）。在題為〈退休反思〉（Retirement Reflections）的文章中，班尼斯提出兩個基本概念，是他對晚年生活的看法，我都百分之百贊同：

第一個概念是，成功的人始終都在轉變。「這種人從不止步。他們不斷前進。他們從不多想過往的成就，或是考慮退休。」班尼斯欽佩的人物有：前英國首相邱吉爾、名演員兼導演克林．伊斯威特、前美國國務卿鮑爾、早期電腦科學家霍普（Grace Hopper）、前美國參議員暨職籃球員布拉德利（Bill Bradley）、《華盛頓郵報》前發行人葛蘭姆（Kay Graham）等。他說：「這些人全都是起步較晚，卻不斷衝向頂峰，從不自滿鬆懈。他們不提退休或以往成就……不斷忙著再設計、改寫、再造自己的人生。」

第二個概念是，事業及人生有成的人，面對老年也能成功轉型。班尼斯研究傑出領導人，找出五個成功轉型的特徵。對於在「人生下半場」想要從為事業而努力，轉型到為重要貢獻而出力的人，請從貢獻思維與向上心態去思考成功轉型者的特徵。

一、他們有強烈的目的感，有熱情，有信念，也覺得還想要完成重要的事，以產生影響及貢獻。

二、他們能夠建立並維持深入而信賴的關係。

三、他們帶來希望。

四、他們似乎能夠平衡工作、權力、家庭或外在活動。他們不會把自尊完全建立在身分地位上。

五、他們偏向行動派。對承擔風險似乎不會猶豫，也不會魯莽行事，該動則動。他們喜歡冒險、不怕風險、願意承諾。[19]

大多數人都認識符合這些特徵的七、八十歲，甚至九十歲老人家，他們還在工作，享受著同齡者多年前就停止的活動。如果他們夠幸運，能夠維持身心健康，就還可以成就許多事情，也是家庭與社區生活重要的一分子。

作曲兼編曲家克勞福．蓋茲（Crawford Gates）曾發表及錄製電影插曲，也在伊利諾州指揮過比洛特－珍維爾（Beloit-Janesville）、昆西（Quincy）及洛克福（Rockford）交響樂團。他在伊州也原創許多交響樂曲。

在七十八歲時，距他只能大致稱為「退休」後好幾年，蓋茲又創作了六首交響樂，其中一首是為慶祝「全國音樂人協會」（National Music Fraternity）百週年所作。之後他又完成二十首曲子及一齣歌劇。九十歲時他依然馬不停蹄，早上作曲四小時（八點到正午），下午再寫兩小時，每週五天。在二〇一八年以九十六歲辭世前，他從未鬆懈，通常都是六個以上的作品同時進行。他曾說：「我現在跟以前一樣不亦樂乎。那是一種態度。」其妻喬琪亞是才華洋溢的鋼琴家，現已八十好幾，每週會做兩天志工，在當地一個會議中心，為參觀者彈琴。喬琪亞以很有智慧的一句話道出他們夫婦的哲學：「人要保持前進的動力。」[20]

我很欣賞這種想法：「保持前進的動力。」即使不再做正式的職位或事業，也還是要繼續前進。對沒有你這種經歷的人，你的心得可能非常有用而珍貴。要是每個自本身專業退休的人都找機會付出，也願意分享花一輩子學來的東西，各位能想像那種盛況嗎？如果你自覺的選擇向上人生，也相信還有很多東西要學習、貢獻、完成，在未來的歲月裡，你將發揮多大的力量。相反的心態是，自認已盡全力付出所有，以後再也無可貢獻，那就會退步，走向漸弱人生。

> 凡停止學習的人，無論二十歲或八十歲，都是老人。學習不輟的人長保年輕。
>
> ——亨利・福特（Henry Ford）

我們社會有一個破壞力強的錯誤觀念，就是年長後只有兩種選擇：工作或退休。不必只能二選一。還有第三種選擇：做出貢獻，它囊括以上兩者。這是我對人生關鍵的下半場提議的思維轉變，請看以下圖形：

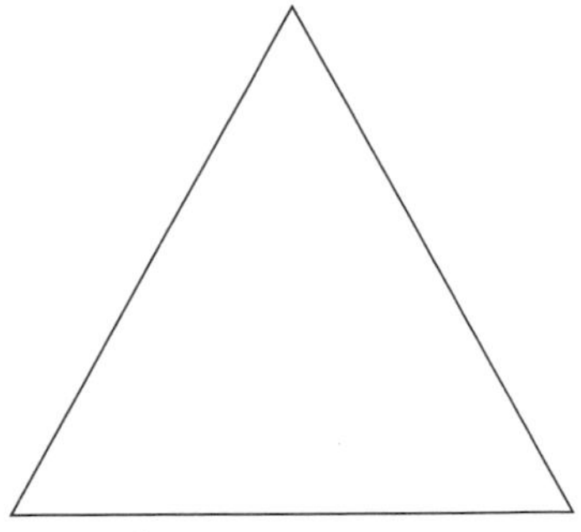

每當我看到「退休」一詞，只會想到回顧、低頭、投降、退縮。向上心態卻指向相反方向：漸快！意指加快速度。當你快速前進時，自然沒有時間回頭看或向下看，你必須向前看，向上看，把雷射般的專注力，放在眼前要完成的事上。

人生下半場，有兩種人令我感到鼓舞。一種是「退休」或離開白天的正職，但是仍在做重要的案子，用其他方式貢獻；還有一種是不在傳統年齡「退休」，仍持續工作到七、八十歲，甚至九十歲。這兩種人的共通點是，他們還想要有所貢獻，把目標放在還有重要的工作有待完成。這些人年輕時也許做過或未做過了不起的事，但是他們現在每天起床都抱持著仍想要改善他人生活的態度。還有什麼比這更重要的事？

我們靠取得維持生計，靠付出圓滿人生。

——據說出自邱吉爾

長壽專案

我們知道，退休到海邊休閒不好，但是繼續做壓力大又乏味的工作也不好。我們需要思考，如何以健康的方式度過這些轉變。

——心理學博士佛里曼（Howard Friedman）

心理學家佛里曼博士與馬丁（Leslie Martin）博士，曾對長達八十年的「長壽專案」（*The Longevity Project*）做過引人入勝的分析。這項專案始於一九二一年，史丹佛心理學家特曼（Lewis Terman）請舊金山的小學老師推舉最聰明的十歲、十一歲學童，他打算持續追蹤這些孩子，或許從中能準確指出潛力大的早期徵兆。最後他選出一千五百二十八個孩子，開始觀察他們，先是看小時候玩耍，然後看著他們長大。他定期訪談這些學童與其家長，並持續追蹤他們的生活數十年，研究每個孩子的個性特徵、習慣、家庭關係、影響力、基因、學業性向、生活方式等。[21]

到一九五六年，特曼蒐集資訊三十五年後，在八十歲時過世，不過他的團隊繼續研究。到一九九〇年，佛里曼與研究生助理馬丁有鑑於特曼博士的研究博大而獨特，便決定從他停手的地方繼續下去。他倆已有數十年的數據可用，並繼續提出相同問題，然後分析為何有些研究對象似乎太早就染病死亡，有些卻健康長壽。

佛里曼與馬丁原本打算研究特曼的調查結果，並再做一年調查，最後卻又繼續做了二十年，終於在二〇一一年發表研究結果。「長壽專案」十分難得而珍貴，長達八十年的研究，追蹤同一批參與者，從幼年到過世，因此成為心理學有史以來發表過最重要的報告之一。

佛里曼與馬丁宣稱，有些人比較健康長壽，基因只是部分因素。出人意料的是，有些結論打破許多長久以來一般人相信的健康、快樂、長壽的原則。《讀者文摘》曾刊登有關「長壽專案」的長文，以下是取自其中與向上心態特別相關的幾項研究結果的摘要：

一、快樂是結果，非原因

佛里曼寫道：「眾所皆知，快樂的人比較健康。人們以為是快樂帶來健康，可是我們未發現這種關聯。做自己願意投入的工作、受良好教育、維持美好穩定的關係、與他人往來——這些會帶來健康快樂。」

換言之，從研究結果來看，如果認真投入某些事物，你可以創造自己的快樂，撰寫自己的人生腳本，而這當中有許多是個人可以控制的。

- 選擇你有興趣又具挑戰性的工作
- 選擇可以增強你天賦能力的教育
- 選擇以正面方式與他人建立關係

這些加起來，可以為你的人生創造快樂氛圍，也可能帶來較健康的生活方式。

二、壓力並非壞事

佛里曼寫道：「我們總是聽說壓力的種種危險，可是最投入、最認真做事的人，卻最健康、最長壽。被壓力擊垮固然不好，然而活得好、活得久的人，不會提早放鬆或退休，而是接受挑戰、堅持不懈。」[22]

這個結果與塞利提出的「好壓力」不謀而合，還有他所說，經常體驗壓力（尤其在年長時日），十分重要且有益健康。當你面臨要拿出成果，或滿足期待的壓力時，血液流動會加快，你也會受到激勵，要達成目標，把自己朝正向推動。

佛里曼接受「美國心理學會」訪問時，進一步說明：

> 人們對壓力有很嚴重的誤解。長期身心失調，不可與工作勤奮、社會挑戰，或事業負擔大相提並論。有人給我們很糟的建議，像是要人緩一緩，放輕鬆，別煩惱，退休搬到佛羅里達州。「長壽專案」卻發現，工作最努力的人活得最久。負責任且成功的人，在各方面都表現優異，尤其是會關心本身以外人事物的人。[23]

假如你記不得本節的內容，只要記住這句話：認真投入有意義的工作的人，活得比較久。

三、樂在其中，運動才重要

佛里曼與馬丁發現，逼自己運動可能適得其反。鍛鍊身體雖然重要，可是熱愛運動比只是虛應故事更重要。隨時開始運動都不嫌太遲，即使已長期久坐不動也一樣。只要走出第一步，運動對你的餘生都會有很大影響。佛里曼說：「現在談的確實是五、六十歲就生病過世的人，與活到七、八十和九十歲仍生氣勃勃的人之間的差別。」[24]

演員迪克・范・戴克（Dick Van Dyke）的演藝事業橫跨近七十年，他刻意努力健身，不論喜不喜歡，每天一定上健身房運動。他說：「只要一停止活動，無所事事，人就會開始生鏽。我們太理所當然的接受年齡變大的各種弱點。常有人說：『唉呀，我現在做不來了。』於是就放棄。其實，你辦得到的。永遠都不會嫌太遲。九十歲的人可以站起來，開始動一動，結果會大大出乎你的意料。」二〇一八年迪克・范・戴克九十三歲時，演出「愛・滿人間」，演藝事業因此延續，也令影迷驚喜，證明他身體力行自己的主張。[25]

我向來認為，你大部分時間必須讓身體活動，並且吃得健康，以得到最佳成果。為維持身體狀況良好，關係到「收成律」：要怎麼收穫先怎麼栽。每天花時間「不斷更新」（我稱為習慣七），厲行平衡的自我更新原則很重要。這些年來，我發現保持每天早晨的例行活動：騎健身自行車，閱讀鼓舞人心的文章，不但可以維持身體狀況，也促使我致力於自我改進，及達成個人目標。

四、一時興起難持久，但認真盡責可以

「長壽專案」研究透露出一些驚人的祕密。佛里曼寫道：「預測長壽的關鍵個性因素是認真盡責，這完全不在意料之中。我們的研究指出，努力認真及目標導向的公民較多，他們也充分融入社區，生活在這種社會，可能對健康長壽很重要。要做這些改變，則需要緩慢、一步步的去做，需要延續多年時間。」26

而且不只要對自己的生活及事業認真盡責，也要認真對待擴大自我人生的重要關係。佛里曼進一步說明：

我是嬰兒潮世代，自然會預想，人生下一階段應該做什麼。幸好仔細思量屬於邁向健康的重要途徑，我們稱之為「康莊大道」。會思考的人就是認真盡責型，擁有好朋友、有意義的工作、快樂且負責任的婚姻。這種人對事業與關係會投入周詳的規畫及堅忍的毅力，這些會自然、自動的促進長壽，即使出現挑戰也不例外。有趣的是，這種謹慎、堅毅的成就者，有穩定的家庭及社交網絡，通常也是最在意應該如何保健的人。其實他們已經在維護健康了。27

五、年齡增長仍要持續投入有意義的工作

由於壽命延長，人數眾多的嬰兒潮世代，如今已鬢髮斑白，美國的老人多於學前兒童，比例超過二比一。美國「創意高齡中心」（National Center for Creative Aging）創辦人佩爾斯坦（Susan Perlstein）說，年長者需要持續參與活動及社群，以維持最佳情緒與生理健康。她說：「做有創意的表達，真的會增進健康。年長者最常見的心理疾病就是憂鬱症。那是因為缺少有意義、有目的的事可做。」[28]

這項重要的發現，更強化本節的主旨：保持向上心態，尤其在人生下半場，不但促進人生更大的目的與意義，也有可能延長壽命，提高生活品質。

一九九七年，茱莉．安德魯絲（Julie Andrews）六十二歲時，開刀切除非癌囊腫，這個手術永久傷害她的聲帶，使她失去優美歌聲。她承認：「我陷入憂鬱，我感覺彷彿失去自我身分。」[29]在此之前，她是演藝界傳奇人物，在百老匯及倫敦西區，在好萊塢偶像電影如「歡樂滿人間」和「真善美」中，都以漂亮的四個八度音域著稱。

她提到，起先她是完全否定，後來覺得一定要做些事情。「我在『真善美』中說的是實話……一扇門關了，就有一扇窗會開啟。」這迫使她發展其他的創意出口，她與女兒艾瑪一起撰寫童書，總共完成二十多本，包括《紐約時報》暢銷書暨系列作品《美麗

小公主》（*The Very Fairy Princess*）。與兒童共處，使安德魯絲的人生完全改變方向，把她的注意力轉向新一代受眾。

要是她未失去歌聲，「我絕對不會寫這麼多書。我永遠不會發掘那種樂趣。」寫書也給她新的身分，不同於以往，可是仍然很有成就感。[30]八十四歲時，她完成第二部回憶錄，涵蓋她在好萊塢的日子，她也發現未來還有重要的工作及貢獻。[31]

> 當一扇快樂的門關閉，另一扇會開啟；可是我們經常看著關閉的門太久，反而看不見為我們開啟的那扇門。
>
> ——海倫．凱勒

六、維持強大社交網

佛里曼接受《紐約時報》訪問時，被問到預測長壽最有力的單一因素，他的答案很明確：強大的社交網。寡婦比鰥夫活得久。佛里曼宣稱：「女性往往有較強的社交網。長壽因素中，基因約占三分之一。其餘三分之二與生活方式及機遇有關。」[32]

我發現，在七、八、九十歲仍然活躍並有貢獻的人，都明白維持友誼生生不息並成長的重要性。我聽說過，有一群年長婦女，從小學就是朋友，高中時組成「友誼社」。此後每週三晚上見面，了解彼此生活，一起吃飯，做手工藝，或是一起完成服務計畫。這個社團是她們的生命線，有很多成員曾面對人生的正常起伏，從健康問題到失去配偶。每週的相聚不僅保持友誼，也提供活下去的理由。

霍特－倫斯達（Julianne Holt-Lunstad）與史密斯（Timothy Smith）兩位教授在《公共科學圖書館：醫學》（*PLoS Medicine*）雜誌中，曾發表人際關係對人們生活的影響與力量，研究結果十分驚人。他們發現，健康的關係可增加存活機率百分之五十。他們以七年半時間，測量人際互動頻率，追蹤健康結果，並分析過去一百四十八項已發表的長壽研究的數據。結果發現，缺乏活躍的人際連結對長壽的影響，大致等同於每天抽十五支菸，與酗酒不相上下，比不運動害處更大，是肥胖之害的兩倍。

史密斯說：「這種效應不限於老人。人際關係保護健康的程度不分年齡。一般人總把人際關係視為當然……持續互動不僅對心理有益，也直接影響生理健康。」33

佛里曼總結其研究結果如下：

「在研究對象當中，比賽長壽成績最佳者往往有：

- 相當高度的體力活動，
- 回饋社會的習慣，
- 發達且持久的事業，
- 健全的婚姻與家庭生活。」

一個人只要認真、勤奮、成功、負責，無論從事什麼領域的工作，都比較可能活得更久。

壽命最長的人：

- 在人生各年齡及階段，始終保持活躍及生產力，年齡漸長也不停頓
- 找到保持與社會接觸的方法，參與有意義的工作[34]

換句話說，長壽者的「影響圈」變得很大，不只納入其他人，也對本身產生正面影響。另一項研究提供更多證據——由美林證券與年齡潮（Age Wave）研究公司所做的研究：「退休工作：迷思與動機」（Work in Retirement: Myths and Motivations）中，檢視

美國年長者如何改變勞動人口結構。過去「退休」意指停止工作，但是這項研究發現，現在大多數人都準備退休後仍繼續工作，而且經常是以不同的新方式去做。

目前的退休族有近半數（百分之四十七）表示，已在工作或打算退而不休。可是五十歲以上的準退休族，有更高比例（百分之七十二）表示退休後要繼續工作。勞工統計局的報告說，二〇一四年九月，五十五歲以上受雇者，有三千兩百七十萬人，多於僅十年前同齡的兩千一百七十萬人。

有更多人年紀大了還工作，造成這種變化的原因不一而足。人們對老年的看法變了，因而形成上述研究所說的「重新想像晚年生活」。平均壽命延長，加以整體的老年健康改善，也使延長工作年齡的選項較為可行。

這項指標性研究，調查了一千八百五十六個仍在工作的退休族，及近五千個準備退休與未工作退休族，它打破對退休四種重要的錯誤觀念。

迷思一：退休代表工作的終點

實情：有超過十分之七的準退休族說退休後想繼續工作。依我來看，將來年長者不工作的，會比退休的更稀有。

迷思二：退休是走下坡

實情：新一代工作退休族正在開創更投入、更積極的退休生活：新的退休工作景觀（New Retirement Workscape），由四個不同階段組成：1.退休前，2.事業暫停，3.重新投入，4.休閒期。

迷思三：退休後還工作主要是需要錢

實情：這項研究發現，工作退休族有四種類型：成就動機強者、為愛心貢獻者、生活平衡者、熱中賺錢者。有人固然主要是為了錢工作，但是有更多人是基於重要的非經濟理由：

- 百分之六十五為保持心理活躍
- 百分之四十六為保持生理活躍
- 百分之四十二為保持社會聯繫
- 百分之三十六為身分／自我價值感
- 百分之三十一為接受新挑戰

• 百分之三十一為錢

三倍。

迷思四：年輕人才對新事業有企圖心

實情：近五分之三的退休族會進入新行業，工作退休族創業的可能性是準退休族的

許多人發現，從過去工作中累積的經驗十分寶貴，不該只因為年滿六十五歲，就束之高閣不加利用。[35]

過了例行退休年齡，工作機會仍然存在，只是事先規劃很重要。身體夠健康，內心也有意願，到七、八十歲，甚至九十歲仍在工作的人擁有很多優勢，也有一輩子累積的豐富經驗及專長可奉獻，「長壽專案」相關文獻與美林／年齡潮的研究，都支持這一點。

服務不退休

即使從工作或事業退休，也永遠不要讓服務退休。別停止為家庭、鄰里、社區做出

貢獻，也別停止服務教會、本地學校、值得的慈善團體，或支持需要志工的重要目標。當你看到影響圈中的人有許多需要，不可停止敏銳的加以回應。勿以為必須長途跋涉去做這些事。簡單說，看看周遭，看到需要，就做出回應。

瑞佩（Hesther Rippy）七十七歲時，由德州搬到猶他州的利哈伊，目標是去寵壞住在附近的孫輩。她確實與孫子共享天倫，不過也在新居附近發現她可以出力的重要事業：改進學童識讀能力。她並不覺得這任務太艱巨，也不擔心年紀大還能做出什麼成績，她一心只想該怎麼做才能幫助孩子充分發揮潛力。

瑞佩驚訝的發現，她那一區有近三成小學生閱讀能力低於年級水準。她說服市長給她一張椅子，還有辦公桌和電腦，最後她落腳市立藝術中心寬敞的儲藏室。她發起募捐購買圖書，再招募幾個志工，便開始免費教兒童（及成人）閱讀。她鍥而不捨的努力，很快就有校車載著學童到藝術中心來，她則請高中生和其他志工教導孩子。

瑞佩非常努力，並且極為堅持要實現她理想的識讀計畫，連市議員都開玩笑，在她來開會時要躲著她。他們好脾氣的抱怨道：「她絕不接受拒絕。」

多年後，經過她的努力與市府支持，她獲准在市立圖書館西翼正式成立「瑞佩識讀中心」（Hesther Rippy Literacy Center）。一九九七到二〇一四年，她陸續設置免費協助兒童與成人閱讀的中心，同時也增進他們的數學、電腦和語文能力。瑞佩對識讀能力情有獨鍾，她提倡鼓勵識讀的概念：「閱讀力就是領導力」（Readers make Leaders）。她告訴志工，愈是投入幫忙兒童學習，愈會想要付出更多。[36]

瑞佩得過許多服務獎，有一項是以服務超過四千小時，獲得志工服務總統獎，還曾得過巴黎萊雅傑出婦女獎（Women of Worth）。二〇〇三年小布希總統授予她「光點」（Point of Light）榮耀。她的識讀中心成為其他城市的模範，有些州如阿拉巴馬州各小學，也嘗試複製她在社區的做法。[37]

到了二〇一五年，「瑞佩識讀中心」總共號召了一百八十位志工老師（年齡由八歲到八十歲），教導每週來兩次的五百個兒童。每年暑期輔導班吸引七百多個學生，都是完全免費。該中心還舉辦促進幼兒閱讀班，教導學前兒童閱讀，為將來正式上學做好準備。

瑞佩八十七歲過世後，識讀中心繼續她的遺志，任何時候都有約四百個學童在上課，全年有七十五到一百位志工教導他們。截至撰寫本書時，識讀中心已協助過三十萬以上人次學習閱讀。[38]積極投入有意義的工作，藉著貢獻轉變人生，這真是太棒的例子。

瑞佩總是說，當學生眼睛一亮，領悟到閱讀是怎麼回事，那就是她真正的回報。這份熱情轉換為協助成千上萬的人，打破一代代無法讀寫的惡性循環，讓孩子的學業潛力得以發揮。就算她已無法親力親為，這重要的工作仍然延續，做為她遺愛的見證。

正要來的，好過已成過去的。

——阿拉伯諺語

當然，享受一些期待已久的閒暇無可厚非，特別是不再做全職工作時。所有以往一直想做，卻苦無時間做的事，最適合在人生這一階段進行。我說過，我始終堅信「不斷更新」：花時間透過放鬆的活動，更新個人身心。努力工作也要努力遊玩，這非常重要。我們家很喜歡每年到山上小木屋度假，在那裡放下工作壓力及緊湊時程，放鬆心情，享受隨興所至的相聚時刻。這個傳統使家人的關係更親密，也恢復我們的活力。

不過把時間留給以前無法做的事，你還是有辦法擠出時間參與有意義的活動，為他人付出，也帶給自己快樂。你一定要找到其間的平衡。以貢獻為生活重心，與只想閒散度日而退休，這兩者的差別很大。且以前面讀過的保持貢獻（向上）心態的故事，來對照退休心態的故事。旅遊業及許多社會規範似乎在向長者傳達消極被動的訊息，對他們的要求或期待不多。度假地高調的以廣告招徠：「退休了！你已努力過。你值得享受退休。終於可以放鬆——無所事事！」

我們都聽過這句老話：「我是過來人！」或許你在事業上確實「走過」風生水起，然而此刻難道沒有你可以做的重要而有意義的事？顯然你離開全職工作，去享受一下旅行、做輕鬆的活動、多與家人朋友好好相聚，沒有人會怪你這麼做。可是這種新生活方式一旦占去你所有時間，變成你的第一要務，如果你因此覺得人生沒有目的，也不足為奇。打高爾夫並沒有不好，可是有太多別的事可以做。尤其比起過去，你有更多時間、經驗、技術、智慧可以貢獻。所以盡情的打高爾夫……但也要參與有意義的事。

相對於典型的退休心態，向上心態需要「轉換思維」。這種思維在事業早期就該培養。無論你現在處於人生哪個階段，如果能用向上心態新思維觀想你六十五歲以後的生活，那現在就可以準備並期待將來會是做出大貢獻、獲得大滿足的積極人生，而非只顧自己、無所用其心的人生。別忘了你是兒孫輩的行為榜樣。

現在就請開始，根據下列思想準繩培養向上心態：

一、需要與良知 像瑞佩那樣，找出周圍的某種需要，再捫心自問：我可以從哪裡著力？生命要求我怎麼做？然後聆聽內心深處的良知，你就會得到靈感，該選擇什麼計畫或目標，以協助唯有你能觸及的某些人。各地的社區都有太多需求及問題，只要你選擇投入，就能提供重要協助。且環顧你的四周，評估有哪些地方需要你，再做出回應。例如到人手不足的小學助讀，為社區捐贈活動蒐集食物衣物，在選舉期間做義工，幫忙美化被忽略的巷弄，或是否指引、幫忙新住民家庭順利融入本地社會？或向正經歷困難離婚過程的女兒伸出援手，並幫忙帶孫子女，你覺得如何？當你變得較敏感，有覺察力，你會發現周遭有太多需求與機會。也許你已有感覺，或是知道該怎麼做。擬一份個人使命宣言，或許也可以在這段期間給你指引。

二、視野與熱情　你的人生經驗是獨特的，所以對你的視野及熱情需求也很大。你從生兒育女、經營公司，或從事的行業中學到哪些心得？大半生與各種人物及問題打交道，尋找解決辦法，管理各種關係，你從中會得到視野與見地。而缺乏自信或方向的人、需要人生導師或榜樣的人，有賴你把這些分享給他們。請找出你真正熱中的領域：你深深關心的人事物，把熱情運用在能夠發生作用的地方。分享你的知識及強烈感受，可以成就很多善舉。

三、資源與才能　運用你可以支配的寶貴資源：時間、才能、機會、技術、經驗、智慧、資訊、錢財、願望，去做出成果。能夠做真正重要的事，賦予生命意義，這是多麼難得的機會。為何不欣然抓住服務的機會，別無所求的享受在別人身上看到正面成果的喜悅？那將是多可貴的回報？你在一生的努力工作與學習後，能夠分享的東西絕對超出你的想像，只要你願意拿出資源、時間和特殊才能，對需要你的人，那將會產生多大的作用。

四、機敏與主動　如果你聰明，有覺察力，肯行動，那在人生下半場做服務，這種機敏及主動精神作用很大。當你打算參與時，先從發問著手，探查各種需要，再讓自己成為資源，協助不只是你，還有周遭的人，去尋找聰明的解決之道。善用創意思考，你會發現無窮的服務機會。你可以送餐給足不出戶的人，捐書給學校，替兒童醫院做被子，匿名捐款給有困難的人，替長者整理庭院，探訪被遺忘的友人，在遊民活動上提供專業服務，寫信鼓勵有成癮問題的家人，探視正在治療重症的病人，歡迎新鄰居遷入並介紹環境。造福與服務他人的可能性不勝枚舉，而且每樣都令人躍躍欲試。邁開步伐去做，讓一切成真。只要投入一點「資源與主動」，你會訝異於收到那麼多回報。

上帝，請使用我！請揭示，我該如何接受自己，我要成為怎樣的人，我可以做什麼事，然後藉以達成超越自我的目的。

——歐普拉

追求向上人生，把生活重心由事業發展轉向貢獻社會，這是人生任何階段，從三十來歲到六十幾歲，都能採取的改變一生的心態。這麼做，你才能做好準備，從六十到九十幾，甚至更久，都一直過著向上人生。對別人的人生做出正面貢獻，你從中體驗的滿足與快樂，將使你的人生下半場非常幸福。

人能夠為自己製造機會的時候不多。但是他可以維持良好狀態，一旦機會來臨時，他已做好準備。

——小羅斯福總統

艾金森（Pamela Atkinson）在英國度過困頓的童年，使她對命運較差的人特別感同身受。她父親喜歡賽狗和賭博，最後輸掉家裡所有的錢，拋家棄子逃跑，留下母親在破敗、鼠患猖獗、無室內自來水的房子裡，獨自扶養五個孩子。母親沒讀過什麼書，必須長時間做低工資的苦工來養家。她還記得，要把報紙剪成方形做廁紙，在鞋裡墊厚紙板以蓋住破洞。

艾金森十四歲左右時，認清學校是逃離貧窮的大門，便決心好好讀書，希望將來能找到薪水較高的工作，也比母親多一些選擇。那並不容易，不過她十分拚命，在英國取得護理文憑，便立即到澳大利亞運用新技能，在原住民區工作兩年。之後艾金森來到美國，自加州大學獲得護理學士學位，又自華盛頓大學獲得教育暨商業碩士學位。

後來她應用所學，從事醫院管理工作，一直做到「山際醫療集團」（Intermountain Healthcare）副總，專精於協助低收入及無保險的病人。她從中發現，幫助貧民是她的使命。

艾金森自「山際醫療集團」退休後，全職擔任守護窮人與遊民的志工。她任勞任怨服務他們二十五年以上。直到今天，她車上仍放滿睡袋、衛生用品、保暖衣物、食物，給任何她遇到而有需求的人使用。目前她在十九個社區委員會擔任委員。每當州議會開會期間，多半可以在州首府找到她，與州議員商討幫助弱勢州民的方法，她也是三位州長器重的顧問。她擔任社區委員所得的酬勞，成為「上帝要我協助他人」的經費，用於買藥品、公車票、冬衣、襪子、內衣褲、付水電費等任何必要的物品。39

艾金森明白，即使很小的服務也能改變人生。有個男子與幾個遊民住在營帳裡一年。她有好幾個月每週都去看他，可是後來男子的營帳壞掉便失聯。一年後在某寄宿戒酒中心，有個乾乾淨淨、穿著獵裝的男子來找她說話。原來是露營的男子回歸正常生活，在該中心工作，協助酗酒者戒酒。

他問：「你還記得那個寒冷的冬日，我們都沒有手套，你去店裡替我們買了六副手套？」他說，當時他自視甚低，可是隱約有個念頭：「你一定還有點價值。有人幫你買了新手套！」單單那一個暖舉，便促使他改變人生。他一直保留那副手套，以提醒自己確實有人在關心。艾金森說：「你永遠不知道你的什麼舉動可能影響某人的人生。即使一點點關心的力量，也絕不該低估。」40

這些年來，對於怎麼做最有助於有時被社會忽視的人，艾金森已經很有經驗。她現年七十幾歲，在所謂的「退休歲月」中，絲毫沒有放慢腳步的跡象。在《富比士》雜誌由索佩（Devin Thorpe）撰寫的文章中，她分享了一些最重要的心得，你我也可以用於自己的影響圈：

一、小事也有大用　艾金森為貧民服務多年，她學到，不見得一定要多大的作為才有用。有一次她來到一個低收入家庭，發現因為水被關掉，又無肥皂、洗髮精或盥洗用品，使得全家人心情低落。她車裡有教會教友捐贈的洗浴用品，她又讓瓦斯恢復送氣，好讓那家人可以洗熱水澡。他們的感激之情告訴艾金森，小事往往是大事。

二、觸摸與微笑力量大　多年前她在救世軍做晚餐供餐服務，市長告訴她，打招呼時要「溫暖的微笑，真誠的握手」。他對她說，有些遊民可能一整週，都沒有被別人觸摸過。艾金森從未忘記這一課，一定對服務對象友善的打招呼，真心微笑，適當觸摸。她說：「我認為不可低估關心的力量。我看過像擁抱或微笑這種小事可以使一個人的人生完全改觀。」

三、志工貢獻很大　艾金森首次在西雅圖為遊民供應聖誕節晚餐，目睹他們的感恩之情，她覺得很意外。她也意識到，志工對執行這麼多計畫十分關鍵，志工的助人能力及意願，正是社會所需要的。她的影響力啟迪人心，她對志願服務的看法具傳染力。艾金森在為「男孩女孩俱樂部」（Boys and Girls Club）募款活動上說：「每個人都有影響別人人生的力量。」

四、以信仰為正面影響力與資源　艾金森時常覺得，有神聖的手在引導她、指揮她。她相信自己的信仰，對做志工影響很大，也帶來很大力量。她吐露心聲：「主為我計劃好。我有強烈信念，要做有用的事；我是為此而生。」

五、群策群力是關鍵　艾金森提出對服務很重要的三C：協調（coordinate）、合作（cooperate）、協力（collaborate）。不忘多年前，激發她走向志願服務的首次經驗，她至今仍會在聖誕節為遊民供應全套晚餐，服務多達一千人。有一年她在第一長老教會擔任長老，供餐地點在天主教社區服務處的聖文生保祿中心，摩門教則為此捐助八百份牛排及兩百份熱狗。這是真正的群策群力。

六、人人都能出力　艾金森有一次對某團體演講時，向聽眾保證，只要盡一己之力，必然都能對別人的人生真正做出貢獻。一個老婦人不認同她的說法：「我八十歲了，很少出門，收入不多，我怎能有貢獻？」她問老婦人，能不能每週只捐一個湯罐頭給食物銀行。她請對方閉上眼睛，想像有個窮困的單親媽媽，用這罐湯給孩子吃，想像孩子不必餓著上床的畫面。她問老婦是否認為她捐的罐頭使那些孩子的人生有所不同。於是老婦人開始每週捐一個湯罐頭，幾年後她總共捐出數百份餐點，幫忙沒有她捐助就要挨餓的人。[41]

艾金森小時候在英國，與兩個姊妹擠一張床，她記得曾經許願，將來要嫁給有錢人，絕對不要再與窮人有任何瓜葛。長大後，她成為真正的轉型人，結束家族的貧窮循環，不再傳給下一代。

如今數十年過去，艾金森對窮人及遊民的愛使她的人生變得「富有」。她達成幼時的願望。

——艾金森

在這一生裡，我們都彼此相連結，我們應當尋找影響他人人生的機會，那連帶也會影響我們自己的人生。

主要的偉大

在我的書《第八個習慣》裡，我解釋過我稱之為主要偉大（Primany Greatness）這種品格。相較於次要偉大（Secondary Greatness）：人緣、頭銜、名聲、榮譽，主要偉大指的是一個人真正的本質：品格、正直、最深層的動機及願望。主要偉大或許常常上不了頭條新聞，卻代表世上所有「艾金森」的品格及貢獻。

主要偉大是一種生活方式，不是單一事件。它透露人的本質，多於地位名利。它表現於臉上的良善光輝，多於名片上的頭銜。它表達動機多於才華。它代表單純的小善舉，多於堂皇的大成就。

你不必成為下一個甘地、林肯或德蕾莎修女，也能展現主要偉大。小羅斯福總統說的最為言簡意賅：

以自己的能耐，在所在的地方，盡自己的所能。

——小羅斯福總統

這個概念簡單明瞭，我很喜歡。也就是說，你現在所擁有，可以提供給周遭人的，那正是他們所需要的。盡力而為，即已足夠。你工具在握，只要環顧四周，看到需要，然後做出回應。以下是幾個尋常的例子，平凡的人在人生下半場秉持向上心態，運用自然擁有的技能及才華，所得到的喜悅不亞於服務對象。但願這些例子能夠激起讀者的創意，想想你在自己的影響圈可以怎麼做。

孤兒拖鞋　咪咪向來閒不下來，即使年高八十五歲，她還是不停的編織拖鞋，送給家人和朋友。當姪孫女夏儂在暑假志願到羅馬尼亞的孤兒院去服務，咪咪開始忙碌起來，織出一百多雙拖鞋，還有一些五彩繽紛的掛飾，給夏儂帶去。夏儂到了當地，發現孤兒院昏暗破舊，所以那些五彩的掛飾立刻使屋內亮起來，也讓院童除了粗陋、空白的牆壁外，還有一些有趣的東西可看。夏儂把拖鞋發給孤兒時，感到很快樂，那些孩子很少有屬於自己的東西。一個十歲小女孩緊緊抱著拖鞋，眼睛發亮，她說：「我的生日剛過，什麼也沒收到，這可以當我的禮物！」[42]

腳踏車人　帕默的家人來參加他的喪禮時，驚訝的發現教堂牆邊停著好多兒童腳踏車。這些腳踏車不言自明，帕默多麼有愛心，所以街坊鄰居都來追思他。附近小孩只知道他是「腳踏車人」。帕默認為每個孩子都應該有一輛自己的腳踏車，他經常為有需要的孩子修理舊車，或運用本身資源取得新車。他一次為一個孩子張羅一輛腳踏車，他與每個孩子都同樣高興。朋友兼鄰居米勒說：「如果大家知道真相，會有幾千輛腳踏車排在這裡。」[43]

> 再小的善舉，也絕不會白費。
>
> ——古希臘寓言家伊索

延命室　近幾年來，「塞維爾退休中心」（Seville Retirement Center）有一群以女性為主的老人，年齡介於七十五到九十多歲，他們每天早上做手工，經常一直做到下午，他們豐富了世界各地眾多兒童的人生。他們的格言掛在布告欄上：「我只有你們的雙手」（出自德蕾莎修女），旁邊則擺著每個月完成的作品。有個性、行事主動的威卡斯（Norma Wilcox），現年八十七歲，她在二〇〇六年創立這個「善舉」團。團員除週日外每天工作，縫製嬰兒被（平均每月完成三十五條）、毯子、填充動物、玩偶、洋裝、短褲、拖鞋、玩具球。他們也組裝新生兒用品包，並承接當地人道中心交辦的任務。一年之內他們就完成七千八百一十二件物品，送往世界各地，從古巴到亞美尼亞、南非、蒙古、辛巴威。全都是給從未謀面的兒童。

威卡斯表示：「假如有人說我們太老，幫不上忙，我就會很生氣。我們只想一直服務到死的那一刻。我說不出來有多少人死在計畫進行到一半時……我不喜歡這種事。不過活著時，我們要盡情享受樂事。」

對這群人而言，「樂事」是指在退休中心的活動室，大家一起聊天，一面認真縫製，活動室已經變成慈善生產線。起先他們用自己的錢買材料，不久消息傳出去，有人開始捐布料。總之布料從不缺貨，每當存量低時，總會有人出現，把忘在地下室的剩餘布料捐出來。

威卡斯招募團員不遺餘力，她會追著塞維爾的每個人，只問一句：「你要不要加入？」八十六歲的麥布里德（Ella McBride）雖然眼睛看不見，也被招募來填充將送到非洲的玩具球，那裡的孩子缺少玩具。

威卡斯估計，這些年來有超過百人曾為這個了不起的計畫付出，大都是女性，也有一些男性。與她並肩合作十年的朋友費奇（Dora Fitch）說：「威卡斯是這一切背後的天才，有風濕病不能縫東西的人也被她找來，這些人可以做剪裁；不能剪裁的人，就填充玩具球。想著我們是為誰而做，想著新玩具、新毯子、新衣服對孩子的意義，快樂油然而生。」

他們不負牆上的格言，強烈感覺自己是為眷顧貧童的上帝之手。一個快九十歲的女士說：「我在做新生兒用品包的時候，祈求上帝緩和我的疼痛，祂總是幫助我完成工作。」這團體的成員週週不同，有人去開刀或有人過世，不過一定有新人可以填補空缺。[44]

活動指導員尼爾森（Linda Nelson）十分驚奇這些長者的成就，「我從來沒有跟這麼活躍的長者合作過。沒有參加的長者，對刺激的反應沒有那麼好，就只是活著。可是這群老人家，他們每天都有活著的目的。他們大可呆坐在房間裡，只感受本身的痛苦與衰老，可是他們的身體大部分都還能活動，所以想要有所貢獻。我叫他們的活動室是『延命室』。一切全在於態度；他們想要讓別人活得更好，光是看到他們的成就，便令我感到謙卑。」

在所謂的退休之家，還能追求向上人生？在這些女士眼裡，根本沒有退休可言，她們知道還有重要的工作等著去完成，那帶給她們喜樂與目的。威卡斯微笑著說：「我打算一直做到我倒下。如果有事可忙，還有什麼比這更好的？這是上帝的計畫，祂會使計畫順利進行。」[45]

目前最新的研究指出，做志工的老年人，身心都比較健康，死亡風險也較低。密西根大學心理學家布朗（Stephanie Brown）的報告指出，在對「付出者」五年的調查研究期間，調查對象過早死亡的風險，比「非付出者」下降一半以上。這些「付出者」是指六十五歲以上，定期做各種志工以助人的人。科學家強烈建議，付出與服務他人的舉動本身就會釋出腦內啡，產生「助人嗨」的感覺。其他正面的益處，有滿足、愉快、驕傲感，這些可以抵消許多人隨年齡增長感到的壓力與抑鬱。[46]

因此如果你「退休了」，已經七、八十歲，甚至九十幾歲，現在正是繼續貢獻的絕佳時機。就像這些人生下半場活得精采的人，人生彷彿從退休才開始。記住，把服務視為高於自我的使命及目的，能夠持久貢獻的人，才能達成主要偉大。

做匿名服務

不在乎功勞屬誰，所獲得的成就將不可限量。

——杜魯門總統

家父最喜歡的電影之一，是一部發人深省的經典老片「地老天荒不了情」（*Magnificent Obsession*）。洛．赫遜（Rock Hudson）飾演有錢的花花公子巴伯．梅里克，他總是胡作非為挑戰極限，然後用錢解決麻煩。有一天，他開快艇翻覆，幸賴當地醫師菲利普斯唯一一臺人工呼吸器而活下來，但菲利普斯醫師心臟病突發，竟因沒有人工呼吸器而死去。醫師遺孀海倫（珍．惠曼〔Jane Wyman〕飾）強烈責怪巴伯，害她先生過世。

巴伯因菲利普斯醫師之死，變得謙卑，並真心有所改變。他想向海倫解釋，海倫為了逃避他，卻出了車禍，造成她失明。這場意外讓巴伯深感內疚。

他為尋找生命的意義，求教於醫師信賴的友人。對方告訴他，菲利普斯匿名為他人服務的祕密生涯。菲利普斯死後，許多人前來訴說菲利普斯在他們最困難時曾如何出手相助，不過他助人總有兩個條件：

- 絕不可告訴任何人
- 絕不可回報他

這友人更警告巴伯做此種服務的後果：「一旦走上這條路，就難以脫身。你會沉迷其中。不過請相信我，那是偉大的沉迷。」

巴伯後來找到海倫，兩人陷入愛河，可是海倫看不見，她不知道愛的是誰。在破紀錄的時間內（因為這是不到兩小時的電影），巴伯成為技術高超的醫師，並展開「偉大沉迷」的匿名服務，助人而不求任何肯定或回報。他也研究恢復海倫視力的療法。

海倫到歐洲治療眼睛，可是醫師說她失明是永久性的，海倫極為失望。巴伯意外出現來安慰她，並透露他真實的身分（不過她早已知道，也已原諒他），他向海倫求婚。儘管海倫也愛巴伯，可是她不想被憐憫，更不想成為負擔，未留隻字片語便消失，令巴伯心碎。

巴伯沒命的尋找海倫，最後還是回到醫師本業，繼續新近沉迷的匿名服務。多年後，他終於找到海倫，成功恢復她的視力。她醒來後第一個看到的臉孔，就是巴伯。[47]

情節雖然相當戲劇化，不過本片傳達的訊息發人深省。其動機來自一段《聖經》經文：「你們要小心，不可將善事行在人的前面，故意叫他們看見。」[48]父親是這樣解釋匿名服務的力量：

不求回報的服務是真正造福他人。匿名服務無人知曉，也不見得終究會曝光。所以這麼做的動機，是為了產生影響，而非為了獲得報答。每當你匿名行善，不冀求報償，內在價值感與自尊心就會提升。這種服務還有很棒的副產品，就是其回饋方式，唯有付出者看得見，感覺得到。你也會發現，回饋經常出現在服務時「多付一分心力」，令接受者出乎預期之外。

——辛希雅．柯維．海勒

CHAPTER

9

創造有意義的回憶

與我一起老去！最好的人生有待來臨。

——英國詩人白朗寧

我的父母在一九五六年結婚時，就決定把信仰與家庭擺在第一位。那個決定主宰他們如何分配時間，將資源用在哪裡，全家人重視的要務又是什麼。他們像許多人一樣，相信在回顧一生時，最有意義的關係都是與自己的家人，有直系的，有跨代的。

家父擔任企業及領導力顧問，多年來走訪世界各地，與不同的世界領袖、執行長、企業高階主管互動，也常與其中的一些家庭往來。他觀察到，那些人最大、最持久的快樂，都來自與家人的關係，任何在專業上的成就都比不上。反之儘管表面上「成功」，缺少親密的家庭關係，卻帶給他們最多的痛苦與遺憾。說到底，大部分世人都一樣：比起愛、接納、與最愛的人相守，名聲、事業、財富、世俗成功，終究是遜色。

有人曾經對我說：「回憶比財富珍貴許多。」當然金錢絕對是不可或缺，對基本生活所需十分要緊。可是在維持生活之餘，金錢應當用於豐富人生，創造最後構成你是誰的經驗與記憶。

當你思考自己的家庭、童年，或你為子女創造的童年，最突出的部分是什麼？你記得的是什麼？對我來說，是綿延多年的家族傳統，從曾祖父母的木屋開始，一直傳到祖父母、父母，現在到我這一代，還有我們的子女、孫子女。我們盼望一年又一年享受家人共聚的時光，加深彼此的關係，欣賞大自然，培養信仰及品格，重新充電，並創造在一起的美好回憶。

我知道，並非每個家庭都能夠擁有小木屋或特別的地方。有些人也可能不會有美好的童年回憶，或健全的家庭文化。不過向上心態教導我們，不要做自己過往經歷的受害者，你可以重新開始，去創造自己的美好家庭文化。重點其實不在於要做什麼，或要往哪裡去，只要全家人一起行動，與所愛的人共同創造家庭傳統即可。露營、健行、完成某個計畫或嗜好、旅行、運動、服務他人、享受大自然，任何全家人樂於做的活動，都有恢復身心，緊密關係，創造美好快樂回憶的作用

這類家庭傳統可增進穩定、信心、自尊、感恩、忠誠、愛心、品格，及協助全家人共度難關的家庭文化。為你所愛的人創造有意義的回憶，可拉近彼此距離，增強彼此關係，並成為個人生活的依恃，同時你也享受了歡樂及難忘的時光，你永遠會珍惜這些。

上帝賜給我們回憶，使我們在十二月也看得到玫瑰。

——《彼得潘》作者巴里（J. M. Barrie）

如今父母均已離世，回憶過去他們夫婦相處的種種，帶給家人很大的快樂，也值得

我們效法。不過我並非說他倆是完美的佳偶，只是我們都知道，他們把夫妻關係看得最重要，會投入時間、心力和愛情來經營。隨著年齡增長，兩人感情歷久彌堅。他們真正彼此相愛，相互扶持，喜歡對方獨特的個性。

多年前，父親發現莎士比亞有一首優美的十四行詩，最能充分表達他有多麼看重與我母親的關係，及母親對他人生的影響。他背下那首詩，經常唸誦，甚至用在演講裡。家人百聽不厭，因為這首詩也啟迪我們，對本身最重要的關係同樣要這麼做。

受到命運與人們冷眼相待時，
我獨自悲泣遭排斥的處境，
以徒然哭喊擾亂聽不見的蒼天，
我顧影自憐並詛咒自我命運，
但願我像是更充滿希望的人，
形貌像他，也像他交遊廣闊，
渴望此人的才學，那人的格局，
對我的最大優勢反而最不滿意；

但因這些想法我幾乎自我鄙視，
偶然間想到你，再思及自身處境，
心中彷彿破曉時分展翅的雲雀
自陰沉大地，飛至天門唱起詩歌；
因而憶起你甜美的愛帶來無比豐足
此時我也不屑於換至國王的位置。[49]

——辛希雅．柯維．海勒

秋季——最豐盛的季節

人生全盛期已開動……我們對人生這階段應該大喜而非厭惡……全盛期的定義應該是，擁有最多自由、最多選擇，懂得最多，也能做得最多的時期，而那個全盛期就是現在！六十五歲是新的四十五歲！

——琳達與理查．艾爾[50]

我的好友琳達與理查．艾爾是《紐約時報》暢銷書作者，曾寫過多本討論如何平衡人生要事的著作。他們提出一些睿智的忠告，要大家拋開有關年齡的陳腐觀念，享受老去的過程，甚至欣賞變老的好處。他們正面、昂揚的態度，以及看待老化的方式，令人耳目一新。

以下摘錄艾爾夫婦有關享受人生下半場的文章：〈別管那些對老年的老生常談〉（Ignore Those Old Clichés About Aging）。

世上有許多不好的舊觀念及比喻，其中最糟的一個，正是「已過高峰」這樣的說法，用於負面陳述人生進入秋天的人。其實秋天是最佳的季節，剛過高峰正是最理想的所在地。

凡是健行、騎自行車或跑步的人都知道，抵達峰頂後，開始朝另一邊下坡，正是努力爬上來的目的，也是我們喜愛的部分。下坡刺激、快速、暢快。也比較容易。借用一點下坡力道實在很棒。那使你有餘力，多注意及體會周遭的景致。人生一旦越過高峰，就變得更美好，更易把握，更能看得透澈。剛過峰頂的坡道是最佳位置。

我們發現，所有對人生這一階段常見的比喻，幾乎全屬負面，而且錯誤。舉幾個例子來說：

空巢期：空鳥巢味道不好聞，很臭。可是我倆的空巢，氣味再好不過：沒有小孩四處製造臭味。我們當然思念孩子，可是我們可以去看他們，或要他們來看我們，然後讓他們回家。

行動變慢：我們不以為然。過了高峰，速度和效率才會加快。做起事來更順手，因為你知道該怎麼做，也知道重點在哪裡。

放牛吃草：人生大部分工作已了，該付出的已付出，還有比自由自在更好的嗎？

快速衰退：大多數人確實年紀大一點，衰退一點，至少身體是如此，可是通常絕不會很快。其實大部分人在六十至八十歲之間，比人生其他任何二十年，變化都要來得少。秋季可以是相當平緩的長長高原，只要照顧好自己，改變會發生得很慢。

人老心不老：這通常是年輕人用來揶揄老人家，說他們跟不上時代，還想要裝年輕。事實上如史威夫特（Jonathan Swift）所說：「（真正的）智者從不想更年輕。」

因此要是你像我們一樣，正處於秋天，或印度夏天（類似秋老虎的天氣），就別聽信那些老調。如果你聽進去了，就改寫一下。因為這是人生最黃金的時刻。況且我們還未提到最棒的部分：孫兒孫女！[51]

艾爾夫婦對這主題寫過一本書，書名《圓滿人生：延年益壽並留下最多》（*Life in Full: Maximizing Your Longevity and Your Legacy*）。他倆現年七十來歲，比以前還要忙碌，出了二十五本以上的書，有許多都是在養育成功的大家庭之後所寫，銷售達數百萬本。他倆也是許多電視節目的常客，包括「歐普拉脫口秀」、「今天」、「早餐秀」、「六十分鐘」、「早安美國」等等，談論的主題涵蓋家庭、生活平衡、價值觀、教養子女、迎接老年。[52]

在孩子都長大後，有一次我們全家去度假，兒子大衛形容我與珊德拉在人生下半場的說法，我覺得相當精準，也很有趣：

我們家的小孩都結婚後，我們也有了自己的子女，我注意到父母有了新的方式，去享受全家在湖邊度假的時光。我稱他們為「突襲型鳥類」，這完全符合他們的人生階段。我觀察到他們隨興所至，衝進衝出，絲毫不覺得有任何責任……我明白他們完全享受扶養九個子女，及隨之而來的種種忙碌生活，可是他們現在可以隨心所欲，想做什麼就做什麼。他們經常帶孫輩搭遊艇，一去幾小時，騎本田機車去「談談心」，突然就進來吃他們沒幫忙準備的晚餐，與全家人相聚，吃完不洗碗就跑出去，到鎮上看電影。我不得不承認，他們善盡做父母的責任多年，現在的人生下半場是他們應得的，而在我眼中，這個新階段著實有趣。

年齡只是心態問題。如果你不在意，它就無關緊要！

——馬克．吐溫

這些年來，珊德拉與我與眾多孫子女及曾孫子女連結十分緊密。我倆盡可能參加許多活動、喜慶宴會、特殊場合，為成長中的世代做後盾。我們強烈覺得，要以當角色模範及導師為己任，對子女和孫子女要關心，要與他們有高品質的相處時間，給予他們支持和鼓勵，並不斷以身作則，示範優良的價值觀與品格。這對我們很重要，因為不論多老，身為父母，是永遠解除不了的少數角色之一。

盡可能享受人生秋天的歲月，專注於變老的優點，別去管缺點。正如艾爾夫婦的建議，拋開有關老年的舊觀念及標籤，勿限制自己。想想你能做什麼，不要想不能做什麼。到祖父母的年齡，有太多人傾向於退隱，覺得自己不能或不該做什麼，甚至不肯提供建議。然而現在正是你可以享有跨代家庭，卻不必負起日常責任，又可以正面影響家人人生的時刻。保持心胸開放，多與家人相聚，由此帶來自然接觸的機會。在人生下半場，你有多於過往任何時刻的智慧與經驗可以分享。尋找適當機會，成為你身邊最重要的人其人生旅程的資源與助力。

孩子需要祖父母的鼓勵及智慧。父母需要祖父母提供育兒的協助與支援。祖父母則需要與孫輩多相處所產生的能量與熱情……或許在當祖父母方面，我們不夠積極。或許也不夠主動……我們必須記得，我們對孫子女最深遠的影響，來自相聚的時刻，不如來自個別溝通，及一對一的相處。

——琳達與理查・艾爾 53

我認識一對傑出的夫婦正是這麼做，更因為他們的努力，救回外孫的人生。喬安與榮恩的女兒蘿莉染上毒癮時，他們窮盡一切辦法幫助女兒戒毒。蘿莉的毒癮卻造成身心枯竭，她顯然自顧不暇，更別說照顧兩歲大的兒子詹姆斯。喬安與榮恩擔心，母親不穩定，父親又頻頻出入監獄，這小男孩怎麼辦。

喬安過去很樂意做全職母親，養大與榮恩的四個孩子。不過她也期待，終有一天能自由去做以往放下的事，像是與朋友在俱樂部比賽打網球。可是考量蘿莉不穩定，喬安和榮恩做出改變一生的決定，大幅重新調整生活型態，以五十五歲左右的年紀扶養幼孫。

這對祖父母改變思維的程度有多大！他們無私的犧牲自己。儘管一切從頭來過很辛苦，可是他們知道，小孫子值得這麼做，他們覺得這是對的。詹姆斯在他們的愛與照顧下成長茁壯。當喬安的朋友在俱樂部打網球，賽後悠閒享用午餐，五十四歲的她則在詹姆斯的合作式托兒所輪班幫忙。隨後幾年，愛護孫兒的祖父母幫他報名棒球、足球、美式足球班，組織遊戲團，陪他練鋼琴，帶他去教會，教他好觀念，以祖父母的身分，把通常由父母做的事做好做滿。同時他們又為蘿莉的安全苦惱，有時長達一年未接到她的消息，不知女兒是死是活。

幾年後，蘿莉終於落入谷底，她回到家，準備徹底改頭換面。她吃了不少苦頭，但在慈愛的父母協助下，最終克服毒癮問題。她發現詹姆斯在祖父母照顧下成長得非常好，在她長期缺席期間，變成一個快樂、適應良好的孩子。蘿莉何其幸運，有如此無私的父母，願意放下個人生活來扶養孫兒。當蘿莉失蹤時，喬安與榮恩在詹姆斯人格形成時期，成為那股安定的影響力。他們的決定確實拯救了詹姆斯的人生，同時也給女兒再次做母親的機會。

到詹姆斯高中畢業時，他已成為優秀的青年。他擅長許多運動及彈鋼琴，學業成績很好，對祖父母栽培他的用心，詹姆斯的人生是一種禮讚。從長遠看來，扶養詹姆斯比定期光顧網球俱樂部，回報之大差得太多。[54]

要是喬安與榮恩的回應方式不同，不曾決定在人生下半場扶養無助的孫兒，結局可能大不相同。雖然他倆當時並不知道在養育完自己的子女後，還能像向上心態所鼓吹的那樣對家人做出極大貢獻。事後回顧，年紀大了還要扶養孫子，那些日子過得並不都很輕鬆，但是他們明白，他們責無旁貸。當詹姆斯為朋友的合唱團鋼琴伴奏，在場的人都看得出祖父母對辛苦的果實滿意之情溢於言表。在他年幼需要照顧時，他是多麼幸運，有祖父母挺身而出。如今就看詹姆斯如何以他獲得的人生第二次機會，為自己創造光明未來。

一百年後……我的銀行帳戶有多少錢，我住什麼房子，開什麼車，都不重要。可是……因為我對某個孩子的人生很重要，世界或許會變得不一樣。

——威克拉特（Forest Witcraft），美國男童軍專業訓練師[55]

我知道有許多有良心的祖父母，由於子女不能或無力照顧小孩，而不得不擔負起做父母的角色。有時因為經濟壓力，跨代家庭會住在一起，當父母二人都要全職工作，祖父母便負起照顧孫輩的責任。我向自願且有能力在晚年擔當父母之責的人致敬，尤其在不容易或不方便的狀況下。

這些盡責的祖父母會用不同方式來負起父母的責任。比方有些祖父母會接孫兒放學（免得他們成為「鑰匙兒」），送他們去才藝班或是參加活動，提供下午點心，督促寫功課，或提供安全有愛的地方，等孫兒的父母親下班。有些愛心祖父母會在自宅舉辦「爺爺奶奶之夜」，帶孫輩玩遊戲或只是相聚，好讓子女有喘息的機會，這對兩代都有好處。有些祖父母在子女養家捉襟見肘時，會幫忙付一些帳單。有些也許會資助大學學費，或是為特別的機會出錢，譬如到國外遊學或當實習生，那有可能是改變孫輩一生的經歷。

不論你正以何種方式協助子女扶養他們的小孩，請明白，這些努力是無價的，所帶給兒孫的幸福將超出你的想像。請記得，無論付出什麼，不管是自願或被要求，都會回過來造福你的人生。你絕不會後悔為他們付出的時間與心力。或許你現在察覺不到，可是你的用心會影響往後的世世代代，他們在人生不同階段，都會感受到你向上的影響力。勇於承擔，提供指引，可以讓你的子子孫孫生命中享有愛、穩定與方向，並擁有燦爛的前途。

到生命終點時，我想像不出會有人寧願在所謂的「黃金歲月」花更多時間在優閒的睡覺、打高爾夫、打牌、打網球，甚至是周遊世界，而不是讓自己的子孫人生有所長進。以這種無私的服務造福自己的家庭，正是追求向上人生的典範。

> 任何人對國家或對人類最偉大的社會服務，或許就是養育一個家庭。
>
> ——蕭伯納[56]

談到培養孩子的品格、堅強、內在安全感，還有獨特的個人及人際長才與技巧，沒有任何體制比得上或有效取代家庭及家人的正面影響力。我再次重申，有些人生最有意義的經驗，是來自你本身的家庭。每一家各不相同，你家或許並不傳統，看起來也與別人家不一樣，可是家就是家。通常是你親愛的家人會帶給你最大的喜樂。

我弟弟約翰與其家人，一起擬出全家的使命宣言，以便傳達他們所重視的價值。宣言只有幾個字：「不能有椅子空著。」這基本上是指家中每個成員都有一席之地，都很珍貴而重要。這是很棒的宣言，總結了關注、愛護、有良心的價值觀，不論祖父母、伯舅姑姨、兄弟姊妹，只要看到家人有需要，一定無私的盡力協助。我建議各位也寫下自己個人或家庭的使命宣言。然後以它為中心，團結在一起，並努力加以實踐。你再也找不到更大的喜樂。

CHAPTER

10 察覺人生目的

我們的靈魂不渴望名聲、舒適、財富或權力。靈魂渴望意義，渴望有懂得如何生活的感覺，以致人生變得重要，世界也因我們活過，至少會有些許不同。

——猶太拉比庫希納（Harold Kushner）

在紐約州羅契斯特查理與桃樂蒂・海爾（Charlie and Dorothy Hale）的家，彷彿總在過聖誕節，天天都有許多包裹送來。不過包裹裡其實是各種破損的樂器。幾年前桃樂蒂上過樂器修復課，此後他們夫婦就迷上購買及修理壞掉的樂器。他倆現在都是八十五歲上下，桃樂蒂是退休化學家，查理是退休醫師，如今熱愛為樂器注入新生命，再免費送給做音樂的人。他們修復的不止一、兩件，到二〇一九年十二月，他們已透過「羅契斯特教育基金會」捐出將近一千件可用的樂器，給羅契斯特學區。

「羅契斯特藝術局」總教師史密特（Alison Schmitt）說：「很難相信有兩個人會這麼關心別人的小孩。」她認為海爾夫婦把修好的樂器捐給社區，影響非常大，因為有研究顯示，音樂教育有助於長期提升學生的整體表現。[58]而這對不同凡響的夫婦出錢出力使不認識的學生受益，這種舉動充分證明社會上有真正關心別人的人。每當海爾夫婦修復一件樂器，心中都會想著將來用得到它的人。他們找到的人生目的，不僅帶給他人歡樂，也豐富本身的生命。

著名人生教練、《目的的力量》（*The Power of Purpose*）作者萊德（Richard Leider）是這樣解釋目的極其重要：「目的是基本。不是好高鶩遠。它對健康、幸福、療癒、長壽都不可或缺。人人都想要身後留名——不論用哪種方式。我們這一代比過去任何世代都活得更久。我們的退休生活與父母輩不同……我們醒來的每一天，都是創造美好人生的新機會。」59

如同本書前言引用據說出自畢卡索的原則：「生命的意義是找到個人天賦。人生的目的是送出天賦。」這含義深遠的原則，對追求向上人生的四個關鍵時期都非常適用。從這獨特的思維來看，找出自身的天賦與才華，加以發展並擴大，再應用於助益他人，十分重要。

每個人都有特別的使命，都是這世界所需要的，如果你的使命是服務他人，那是最有意義的。我向來相信，使命不是發明，而是察覺。就像我們可以聆聽良知，以便知道該做什麼，該幫助誰，我們也可以偵測或覺察自己的獨特人生使命該當如何。這是本書的終極目的：啟發並鼓勵讀者積極尋找個人的目的與使命，無論你正處於哪個階段。我同意歐普拉所說：「你能夠付出的最大天賦，就是尊敬你獨特的召喚。」

有自覺就能覺察使命，即便在這過程中必須再造自我。蹲過納粹集中營的弗蘭克教導我們，與其自問：「我對人生有何祈求？」不如自問：「人生對我有何期待？」這是很不一樣的問題。一旦我們好好加以深思，就能據以訂出目標及計畫。

人人有特定的人生志業或使命，去執行具體的任務，且必須完成。因此他無法被取代，人生也無法再複製。所以每個人的任務與執行任務的特定機會同樣獨一無二……追根究柢，人不該詢問人生有什麼意義，而是必須體認，是人生對他有所要求……他對人生唯一的回應，就是負起責任。

——弗蘭克[60]

研究過弗蘭克醫師的湯姆森（Ryland Robert Thompson）歸納，根據他的教導，我們是透過以下方式發現自身的目的：

一、做新工作或某種行為；
二、經歷某件事或遇見某個人；
三、對無法避免的痛苦採取正面態度。

唯有知道自己的人生使命，我們才能體會隨著達成個人目的而來的平靜，嘗到真正快樂的果實。[61]

於是我們可做的要務之一，就是把使命擺在第一並付諸實行。前美國最高法院大法官霍姆斯（Oliver Wendell Holmes）說：「只要認真去做，每個召喚都很偉大。」要不要主動出擊，認真執行你獨特的任務，以造福他人，就取決於你。

盡一己之力，展現你關心他人，就會使世界變得更好。

——卡特總統夫人蘿莎琳（Rosalynn Carter）

卡特總統與第一夫人蘿莎琳在一九八〇年離開白宮時，並不認為他們的貢獻或他們最重要的工作至此已告一段落。當過美國總統，達到某些人一定稱之為成功的顛峰後，大部分人也許找個吊床，找本好書，就此停下腳步。卸職的總統多半是巡迴演講，及創辦以自己為名的圖書館。

可是卡特夫婦長期投入，為人道目標出力。他們依然想要貢獻，只要看到周遭有急切的需要，便運用本身的地位及影響力去應對。離開白宮後僅一年，他們就成立「卡特中心」（Carter Center），以推動人權、促進和平、減輕全球苦難為目標。

「卡特中心」目前在七十多國協助當地人民解決衝突；促進民主、人權、經濟機會；預防疾病；改進精神醫療照護；教育農民增加穀物產量等。卡特中心的志工也與「國際仁人家園」（Habitat for Humanity）合作，這個非營利組織是協助美國與他國的貧民改建及興建住屋。二〇〇二年，「挪威諾貝爾委員會」在奧斯陸頒發諾貝爾和平獎給卡特總統，「以表彰他數十年來不遺餘力，為國際衝突尋找和平解決之道，促進民主與人權，推廣經濟與社會發展」。

卡特的得獎感言反映出他的人生使命，也呼籲未來世代要付諸行動：

共同人性的結合力量，強過恐懼歧視的分裂力量……上帝給我們選擇的能力。我們可以選擇減輕痛苦。可以選擇一起為和平努力。可以做出這些改變——而且我們必須這麼做。62

蘿莎琳．卡特向來是「被忽略議題的守護者」，當年她是喬治亞州第一夫人時，曾徹底改造全州的心理醫療制度，如今她持續關注被忽略的心理健康問題。蘿莎琳除與卡特總統並肩促進人權及解決衝突，也倡導兒童及早打預防針，處理美國軍人回國後的需要，並撰寫多本關於心理健康與照顧的書籍，還有她的自傳。她獲有難得的榮譽：正式入列「全國婦女名人堂」（National Women's Hall of Fame），並因孜孜不倦的人道工作，包括數十年對「國際仁人家園」的付出，而與夫婿一同獲得總統自由勳章。[63]

卡特夫婦為「國際仁人家園」奉獻時間與領導力長達三十五年，並成為該組織的門面。他們與十萬多志工一起，親自協助興建、整修、修復全球十四國，四千三百九十棟住屋。卡特總統即使因罕見癌症接受治療，仍繼續參與。九十多歲依然活躍的他倆，在二〇一九年十月宣布，「國際仁人家園」進入第十五國多明尼加，並在二〇二〇年協助興建及修補那裡的住屋。[64]

他們夫婦著有《豐收：創造最精采的餘生》（*Everything to Gain: Making the Most of the Rest of Your Life*），內容激勵人心，並與向上心態相呼應。主題是說，看見周遭需要、參與有意義的計畫、在服務中找到快樂，是多麼有價值。卡特總統著作有四十多本，全都是在總統卸任後所寫，只有一本例外。一九九八年他完成《老年的美德》（*The Virtues of Aging*）。當有人問他：「變老有什麼好？」他幽默回答：「嗯，比不能變老好！」

儘管卡特曾當選美國總統，許多人卻認為，他最大的功業應是離開白宮後，在人道及社會運動上的重要成就，以及美國史上成果最輝煌的前總統。

雖從某個職務退休，但顯然並未從人生退休，卡特總統對此難得機會寫下這段文字：

能夠為需要幫助的人「盡一點力」，會給人很大的滿足感。每個人都有可做的事，即使最忙碌的年輕人也一樣。不過在人生「下半場」的人，往往有更多時間可以投入。尤其隨著壽命延長，保持健康的機率也很高，使退休後多出一個人生階段，此時我們可以把更多時間用於志願服務。社會迫切需要我們退休族的才華、智慧、精力……活躍且積極的退休族，會有新的自我價值感，有每日的泉源……老化的過程會放慢。

助人意外的簡單，因為有待完成的事太多。難處在於如何選擇要做什麼，以及如何踏出第一步，畢竟這是著手去做不同的事。一旦開始行動，我們常會發現，居然做得來以前以為自己辦不到的事……最近幾年因為投入為他人做好事，使我們的生活大大改觀。願意協助饑民、遊民、盲人、殘障、毒癮酒癮者、文盲、有精神疾病者、老人、獄囚，或只是孤單沒朋友的人，各地都殷切需要這類志工。顯然有待完成的工作還很多，不管還打算做什麼，最好馬上行動。65

就算你在人生某方面已經歷過成功的顛峰，如今正處於精采的下半場，現在就是重新開始的機會，去創造有別於前半生的新事物。就算你不是前總統或第一夫人，還是有很多可以貢獻的地方，只要像卡特總統挑戰的「馬上行動」。

做有價值的體力活動，因此產生的疲累會使精神昂揚。我們為「國際仁人家園」工作就是那種經驗。自從離開白宮以來，在我們從事的所有活動中，這無疑是最有激勵作用的活動之一。對從未住在像樣的地方、從未夢想擁有自己房屋的人，為他們出力蓋房子，可以帶來許多喜樂及感人的回應。66

你在人生下半場確實有機會，以自己的方式造成影響，其可能性或許比任何其他階段都大。可是要是你還沒到這個年紀和階段，該怎麼辦？不要等到了再做決定，趁現在年輕時，預做準備很重要。如果能事先計畫好，並在人生上半場就開始追求向上人生，那你到下半場會更得心應手。

開始為老年做準備的時間，不應晚於青少年期。直到六十五歲都無目的的人生，不會在退休時忽然變得充實。

——布道家穆迪（Dwight L. Moody）67

不論你目前處於哪個階段，請準備並計畫你的下半生，這樣就能做出更多成果，進入下半生的過程也會更容易，感覺更自然。有一項研究顯示，已退休的嬰兒潮世代有三分之二表示，適應晚年不是很順利，需要調適的地方包括尋找為生活賦予意義及目的的方法。有鑑於此，要是沒有現成明確的目的、使命、意義，該如何是好？要怎樣找出自己的目的呢？

朗沃希（Marie Langworthy）在共同撰寫的《退休後改變生活與工作》（*Shifting Gears to Your Life and Work After Retirement*）一書中，建議讀者捫心自問：

- 我的脾氣如何？
- 我有哪些本事？
- 我重視哪些價值？
- 我有哪些興趣？
- 如果我可以任意做一件事，那是什麼事？[68]

為協助各位聚焦於使命及目的，且看一些常見的藉口、迷思，然後是真相，這些都與追求向上人生有關。

對下半生追求向上心態的藉口與迷思

- 我年紀大了，累了，精疲力竭，也落伍了，很難發揮作用。
- 我沒有特殊技能或才華可貢獻。
- 我這一生做了很多事：「已盡到本分。」
- 我擔心要花很多時間和精力，我不想被絆住。
- 我不是特別能幹、有才華或者獨特，所以我不太相信我可以對別人做出什麼重大的貢獻。
- 要是對我或家人沒影響，那幹嘛要關心或去當志工。
- 我不知道該做什麼，如何幫忙，或是怎麼開始，那似乎在我的舒適圈外。
- 由於需求太多，所以參與社區服務好像會應接不暇。
- 我太猶豫或害怕去嘗試自己一無所知的新事物。
- 這不是我的問題或責任。
- 我想要休息、放鬆，好好度過餘生，不想再增加任何壓力。
- 我辛苦工作一輩子，現在什麼都不想做，只想閒散的享受「退休」。

在下半生採取向上心態的真相

- 精采的冒險與令人興奮的機會正等著你。
- 並不需要罕見、特別的技能或知識，你目前擁有的已經足夠。
- 參與服務工作可以使你更年輕，更有活力，活得更久。
- 你的能力和才幹會隨著參與有意義的計畫而增長。
- 你會找到更多帶來快樂及滿足的人生意義與目的。
- 當你向外看，去服務他人，你會對自己的福分更加感恩。
- 你會找到比過去更多的可用時間。
- 你有一輩子累積的寶貴技能、才華、知識、能力可以貢獻，比你自己以為的要多出許多。
- 你有一輩子與人、與各種職業及體制打交道的經驗。
- 你有一輩子的朋友、同事和資源，可以結合及借重。
- 你有一輩子點點滴滴蒐集而來的智慧，涵蓋人生許多領域。
- 你對需要榜樣加以仿效的人，可以是很有價值的導師。

- 你有服務並造福他人的黃金機會，你可以決定對家人、朋友、鄰居、社區，甚至世界，做出正面影響。
- 只要接受追求向上人生的挑戰，你可以使許多人的人生產生不可思議的變化，包括你所愛的人。
- 只要嚮往並去尋找，你最重要的工作與貢獻還等在前方，過去的種種無關緊要。勿蹉跎。反正時間一定會過去，何不用於值得追求的事物，用於你熱中的重要目標，或是你可以逐漸產生熱情的目標？如同以上各種例子所顯示的，你所有的經驗與心得，已經使你具備做好事的必要條件。正如薩勒諾（Judith Salerno）醫師的發現，你不必不同凡響，才能做不同凡響的事。

薩勒諾醫師已退休，不再執業，目前是「紐約醫學會」會長。新冠肺炎來襲時，當時的紐約州長古莫（Andrew Cuomo）籲請退休護理師與醫師，待命協助醫療工作。薩勒諾並未因年紀便不問世事，而是立即重返工作崗位。她說：「一聽到呼籲，我立刻報名。」69

她解釋：「我的年齡不對，我已經六十幾歲，可是這一身技術有人需要，也很重要，在很短的時間內會變得很欠缺[70]……當我預見到，我的居住地紐約市未來的情況，心想如果我的技術可以在某方面幫上忙，我就要挺身而出。」[71]

薩勒諾是醫學會會長，也是美國醫界卓越的領導人之一，疫情期間，她加入八萬個志願提供服務的醫護人員。她說：「我擁有我認為算是『生鏽』的醫療技術，不過臨床判斷還是相當好。我想在當前的狀況下，我可以恢復並鍛鍊我的技術，就算只是照顧普通病人，及參與團隊合作，也有很多我可以做的好事。」[72]

所以你會選擇哪一個：退休或重生？追求漸強或趨弱的人生？要是選擇重生，你可以否定老舊的刻板印象，把握這機會難得的好時機，享有多出這麼多選擇的好處及優點。事先做好計畫，以便充分利用下半生，這是貢獻、振奮、改變、轉型的時刻，也是快樂的時刻。你已體驗過太多人生，可是現在請保持好奇心，看看你還能成就什麼。

我向來感覺受到神聖的眷顧，要我貢獻，而不只是閒雲野鶴。我相信我能留下的最重要功績，就是成為一個不斷對世界做出貢獻的典範。

請相信你做得出貢獻，並勇於加以實現。一切操之在你，要不要行動取決於你。你希望別人如何記得你？你希望留下什麼事蹟？現在立刻開始採取向上心態。刻意努力，使人生下半場成為既有貢獻，也是由成功走向有意義的時刻。邁開腳步，事實會證明，這個階段是甜美又豐收。

PART 5
結語

柯維家的向上人生旅程

——辛希雅・柯維・海勒

我愈接近終點，對周遭人間的不朽交響樂聽得愈明白，人間吸引著我。它美妙卻簡單。半世紀來，我一直把我的思緒寫成散文、詩句、歷史、哲學、戲劇、傳奇、傳統、諷刺、頌詩、歌曲；我全都嘗試過。但我感覺表達出來的，不及內心所想的千分之一。當蓋棺論定時，我可以像許多人一樣那麼說：「今日事已畢」。但我無法說：「人生的功課已了。」我每日的工作將自明晨再度展開。

——雨果[1]

向已逝的父母致敬

向上心態確實是父親的最後一個大概念，可以說是他的「最後一課」，他十分熱中於加以倡導。身為史蒂芬與珊德拉·柯維九個子女的長女，我有幸守護此書直到完成，多年前父親與我即已開始準備撰寫。父親相信，追求向上人生是強有力的概念，可以改變並豐富願意接受它的人的一生。他也深信，無論處於人生哪個階段，「你最重要的工作永遠在前方等著你」。他自己也努力保持這種心態。

我們全家人選擇分享一些不為人知的父親的軼事，目的是給予同樣面臨困難挑戰的人希望及鼓勵。儘管屬於非常個人的私事，但是我們知道，有太多人遭逢類似甚至更大的試煉，所以基於愛心與同理心，我們要分享一些家務事。

二〇〇七年母親背部開刀，整個背都植入鈦棒。那些棒子有效的穩定了她的背部，可是她併發嚴重感染，導致腿腳神經受損。她住院四個月，又經歷多次手術，曾命危無數次。這段期間，我們不知道她是否能康復出院，再過正常生活，對她能不能復元也毫無把握。

令家人萬分失望，她脊椎內的神經受損，使她幾乎全天候必須坐在輪椅上。以母親過去從未有過背部問題，並且「一輩子從沒生過一天病」（她經常提醒我們這一點）來說，這次經驗實在太可怕了！她從一個從無差錯的人變成了我們幾乎不認得的人。病後，她完全無法走路，需要二十四小時全天候照顧。我們了不起的母親和祖母，她的人生一夕生變，複雜的健康問題，在醒著的每一刻折磨著她。她在很短時間內從獨立變成完全依賴。在那痛苦難忘的時刻，全家人靠著信仰及彼此共度難關，並不斷禱告情況會有所改善。

母親背部開刀前，若是父親待在本城，他倆每天的例行公事，就是騎本田九〇機車，在附近一帶兜風，他們稱之為「談談心」。那是他們最喜歡的日常活動，使兩人的關係充滿生氣，身心獲得紓解。後來我們長大，有了自己的兒女，更喜歡看著他們邊騎車邊談心，也羨慕他們那種親密。

我的父母是彼此的最佳夥伴，儘管有時看法相左，但是他們會求取平衡，對最重要的事態度一致。他倆一起養大九個兒女，在教會與社區擔任許多領導職位，也都有不凡的成就。父親經常為顧問工作、寫作、演講而出差，母親在子女長大後，也經常與父親同行，提供重要的反饋，有時為他助講，還時常唱歌，她天生有副好嗓子。他倆的婚姻對我們是愛與承諾的好榜樣。

母親接受各種手術及住院期間，我們仰仗父親作主與安慰。不過約在同時，我們注意到父親的舉止也有別於平常。他與母親的醫師見面時，顯得很被動，去醫院探病時往往立即睡著，無法幫忙做出複雜的醫療決定。最嚴重的是，向來很有同理心並重視家庭的父親，開始顯得疏遠，甚至有點自閉。

我們看得出來，他難以面對母親的病情。我們認為那與他不喜歡醫院有關。他年幼時臀部開過刀，不得不拄枴杖三年，因而留下創傷。從此他在醫院裡，總因為不好的記憶而顯得有點力不從心。

經過漫長、痛苦的四個月，儘管一定要坐輪椅，且事事得仰賴別人，但是母親終於可以出院，家人都很興奮。向來愛慕母親、把她當女王對待的父親，以提供二十四小時醫療照顧，讓母親好過一點，來表達他的愛意。他買廂型車方便輪椅上下，改裝家裡，使輪椅可以來去自如，盡可能減少母親生活的障礙。父親希望她很快就能自己走路，他倆可以恢復正常生活。

雖然家人都為母親的健康問題感到難過，不過父親受到的打擊似乎最大，他不斷退縮。父親是很重視隱私的人，可是如今護理師時時刻刻都在，還經常同時有兩人，以便給母親洗浴和穿衣。父親變得更疏離、更激動，似乎失去生趣。

當他明顯出現身體狀況，經過檢測，被診斷出額顳葉失智症。向來心理生理都十分活躍的父親，居然會得這種可怕的病，我們都愕然失措。他堅決不肯接受診斷結果，並嘲笑醫師的分析。然而他顯然是失智。我們目睹愈來愈多戲劇化的性情變化。他開始在社交上失態，顯現出缺乏判斷力，失去節制能力，重複講述才講過的故事，言行舉止完全不像原來的他。

此時我們不得不違反他的意願，堅持要他停止旅行、演講、寫作，基本上為他的專業生涯畫上句點。那是全家人都很傷感而難熬的時刻，他由來已久、無可比擬的貢獻時代也就此告終。

我們終於明白，父親歷經失智症早期階段已有一段時間。眼看「高大如山」、更是家庭支柱的父親，就在我們眼前惡化下去，卻無能為力，所有那些症狀令人萬分痛心。我們目睹他由歡樂、獨特、外向的個性，變成我們幾乎認不得的陌生人。有時我們看得見他眼中真正是懷著畏懼，因為他知道在他身上發生了自己無法控制的事。不過我們也深愛著他，願意支持他照顧他，度過這個難關。

母親坐著輪椅，並面對各種複雜的健康問題，父親同時得了失智症，且快速惡化，全家人既難過，也覺得難以承受。父母彷彿不再是原來的父母。那是柯維家最困難、挑戰最大的時期。

於是我們竭盡所能，齊心協力。彼此攜手，輪流陪伴父母，想方設法使他們活得快樂，回報我們這一生受到他們所有的愛與照顧。每個人都未置身事外，有兄弟姊妹及配偶、孫子女、叔舅姑姨、其他親族成員及終身好友。

我們一路走來，經歷了許多平時從未有過的好事。兄弟姊妹及配偶前所未有的更加親密，除了同悲，也互相支持。親友關係更為深厚，對如今顯得微不足道的小事不多計較，也較少做價值判斷。我們從照顧父母，體驗到真正的喜樂。我們對自己的兒女更溫和，也感恩有信仰做為精神支柱，給予我們繼續下去的力量及勇氣。我們緬懷美好的日子，還有我們帶給父母快樂的時光。我們喜歡回味那些美好歲月的記憶。

一開始我們不時哭泣，後來我們效法父母的樂觀個性，重新展露笑容。我們愛唱一首經典歌曲，它出自我們喜愛的音樂劇「約瑟的神奇彩衣」（*Joseph and the Amazing Technicolor Dreamcoat*），歌詞抒發著我們的感受：「那些在迦南的日子，我們曾經熟悉，如今去了哪裡，去……去了哪裡！」[2]

對我們而言，「那些在迦南的日子」代表在手術、失智症之前的生活，也在父母急遽改變之前，我們多麼感恩有那些美好歲月的快樂回憶。

我們全家都愛看電影，我們喜愛的老片「神勇三蛟龍」（*The Three Amigos*），裡面一句對白十分貼近我們的處境。刺基．戴（Lucky Day，史蒂夫．馬丁飾）為鼓勵好友，面有困境勇往直前，於是說道：「在某種程度上，人人都有艾爾．瓜波（El Guapo，片中的壞蛋）要面對……對我們而言，艾爾．瓜波是個危險的大壞蛋，他要殺害我們！」[3]柯維家則明白，這次試煉是我們家族個別的艾爾．瓜波，而我們解決他的口號「笑一笑」，在這段黑暗期，經常解救我們。

除去變得更親近，我們也發現，對別人的難處與悲傷更能多一分慈悲與理解。我們有第一手經驗，知道失去親人的過程及傷痛，知道眼看父母受苦以致殞落卻愛莫能助是怎麼回事。我們更能體察別人在困境中的煎熬，也因此更能感同身受。為堅持下去，我們厲行父親喜愛的名言：「困難時要堅強。」此外我們逐漸明白，他是多麼努力的對抗病魔，竭盡所能追求向上人生，直到他力有未逮。

我們很快就發現，有那麼多人真正愛著我們的雙親，而他倆畢生又對那麼多人付出與貢獻。多年老友及親戚經常來陪伴父親，或帶他出去吃飯。他們也給母親許多愛與支持，母親時常需要朋友或聽眾，需要可以倚靠著哭泣的肩膀，以及讓她堅持下去的鼓勵。父親的弟弟約翰一直是他最好的朋友，也是我們的依靠，他經常來陪伴哥哥，並像已故去的父親一樣支持我們。嬸嬸珍也時常來，她是母親的摯友，母親確實很需要、也很感謝她。我們深感自己實在太幸運，不必孤單承受這些；我們有關心的親朋好友，也相信上帝依然眷顧我們。

經過一段時間，母親勇敢且了不起的完美適應了新生活，她再度參與子孫的人生。她的健康狀況逐漸改善，不久她就按捺不住。她主持很多家庭聚會，又重新與朋友來往，參與各種活動。儘管坐著輪椅，她還是盡可能享受快樂、豐富的人生。就像本書凸顯的許多勵志人物，母親不肯向挑戰及挫折屈服，而是以信仰及勇氣去面對，並不斷期待著未來。

不過，母親大部分時間都用於讓父親過得好。父親的智力及體力受影響愈來愈嚴重，很快就變得十分依賴母親及他人全面照顧。母親每天規劃能讓他倆一起做的趣事，比方一起外出或從事有意義的活動，與家人和老友相聚，用他喜歡的事物填滿他的日子。母親講述與家人的美好回憶、他倆一起旅遊的地方、他倆一起度過的快樂時光。父親愈來愈少說話，只是專注的聽著母親說，時時刻刻想要與她作伴。母親盡力維持父親安全，並受到良好照顧，不過這也是她一生中最悲哀、最寂寞的時日。

二〇一二年四月，父親在住家附近騎電動自行車，那是他當時仍能從事且最愛的其中一項活動。儘管有助理陪著，他卻在下坡時不知怎的失控，撞上人行道邊緣，人飛了出去，頭朝下落地。雖然他戴著頭盔，卻撞成內出血。在醫院住了一段時間，我們擔心這次是否會失去他。好在數週後他似乎復元，可以回家。縱使各種能力更加受限，他仍然與我們同在。

那年暑假，我們又來到蒙大拿州的家族木屋，享受與父親相聚的日子。當時我們還不知道那已是最後一次相聚。我們在七月四日舉辦一場盛大的烤肉會，圍著爐火聊天唱歌，烤棉花糖，做棉花糖點心，與各種年齡的近親一起歡笑、遊樂，隨著音樂瘋狂起舞，唱愛國歌曲，放煙火，直到結束完美的夏日夜晚。父親顯得比長久以來更有反應，也更快活。多年前他蓋這棟木屋時，曾預見到這樣的晚上，並適切的為木屋命名「傳續」（Legacy）。他仔細規劃院落裡的每一個區域，好讓家人能在美麗的「開闊天空之地」（Big Sky Country）同歡，那是我們最喜愛的地點。這漂亮的木屋及四周地帶，確實是他留給我們的寶貴遺產。如今，我們十分喜愛回顧那神奇的夜晚，因為數週之後，父親便離世了。

七月十五日，他頭部又意外開始出血，由救護車送至醫院。我們九個子女及配偶聽到父親病況如此嚴重，全都自各地趕到父親身邊。彷彿奇蹟發生，我們都及時抵達，向父親道別，並參與了一次靈性經驗。次日七月十六日星期一早上，正如父親所希望的那樣，在妻子與家人環繞下，平靜離世。他走時，我們感受到無比的愛與深沉的平靜，我們會永遠記得並珍惜那種感受。他死時距八十大壽僅幾個月，比預想中他離開我們的時間，早了好幾年。不過全家人都深信，我們會再度與他重聚。

隨後那幾週，我們全都極度思念不平凡的父親，但我們感恩他能脫離那些因生病受到的身心桎梏的痛苦。到最後他幾乎無法說話，這是那種失智症的症狀之一。他曾造福許多人的特異天賦：透過文字及概念，四處演講，鼓舞他人，最後卻被剝奪這一天賦，令我們覺得諷刺。他又回到生命原點。

別為結束而哭泣；要為曾經發生而微笑。

——無名氏

本書挑戰讀者，也希望啟發讀者去追求向上人生。但我們不曾討論可能出現身心健康的挑戰，或是其他個人無法控制的狀況，以致無法照自己的意思繼續下去。其實我們也只能盡力而為。

我們相信，父親立下努力維持向上心態，直到力竭而止的典範。他在開始顯現失智徵兆之前，的確是同時進行好幾個寫作計畫，包括本書，並參加許多他覺得驚險的冒險活動。他盡全力扮演好父親與祖父的角色，也規劃許多有助於家人團聚、增進情感的活動及旅行。他總是在家庭聚會上，或是定期個別探視子女時，分享個人經驗、重要學習心得，以及他正在寫作與教導的新概念。是的，他全心全意且熱切的投入這些，也深信他最偉大的工作還等在前方，直到他的心智開始退化。

在本書完稿前不久，母親珊德拉·梅爾·柯維（Sandra Merrill Covey）在我們意料之外過世了，但走得安詳。她也是追求向上人生的一個有力典範。儘管她人生最後十二年都坐在輪椅上，卻每天都展現向上心態，並充分享受當柯維家女家長的人生。她令我們驚奇、給我們啟發，直到臨終那一刻。

在她的喪禮上，我們九個子女都獻上簡短的追思文，講述她生平值得敬佩的某些特質。我說了一則我很喜歡的故事，是關於她積極進取的個性，及把握當下的生活態度。多年前在法國，遊覽一整天後，母親急著找洗手間。她走進一家餐廳，老闆揮手要她離開，並指著休息中的牌子。可是母親未退縮。

她對老闆說：「拜託，我真的很需要借用洗手間。」

但是女老闆很堅持：「女士，今天營業已經結束了！」

母親從她旁邊穿過去，轉過頭來說：「還沒結束！」並衝向樓下。

老闆氣她未得允許，故意把樓下的燈關掉，母親只得在不熟悉的地下室，跌跌撞撞的找洗手間，然後在黑暗中摸索上樓。過一會兒她終於回到一樓，面對老闆的怒目瞪視，她舉起雙手做出勝利姿勢，用法語大喊「法蘭西萬歲！」然後揚長而去。

她那句「還沒結束！」正說明她如何面對人生。她始終向上。在開完刀復元後，她並未就此停止生活，儘管勝算不大，健康的挑戰依然存在，她卻極力設法讓生活回歸正常，並恢復許多活動。她的行動受限於輪椅，但是她不會向後看及自憐，反而總是向前看，期待著未來：下一次家庭聚會、下一個重要場合、下一段人生時期。她對未來躍躍欲試，總想要做更多事。

即便母親每天在輪椅上生活，卻從未結束參與社團，領導讀書會討論，投入教會事務及服務機會，在本地大學擔任校務委員，在美式足球與籃球比賽上，為她支持的球隊加油，支援孫輩的活動，也喜歡與許多好友一起出遊。每逢節日她都大張旗鼓的慶祝，參加的人愈多愈好。

在聖派翠克節，她送三葉草餅乾給鄰居，愚人節時她若能唬住任何人，就會大笑不止。社交上她廣納各式各樣的人，她經常隨機邀請鄰居及其家人，圍著爐火度過歡樂的烤棉花糖之夜。她喜歡討論政治，有選舉時她會邀請各種朋友來家裡，參加對當前議題的開放式討論，並天真的判斷某人是保守派或自由派，請他們在友好的環境下分享看法。

她過世前三週，還請女兒柯琳購買並包裝六十份聖誕禮物。她乘著廂型車，指揮么兒約書亞與其子女，親自把每件禮物送到她最親近的好友鄰居家門口。她全年不分季節，都表現把握當下的態度。

幾年前母親便出現健康問題，但是她不曾結束對社區的貢獻，還完成畢生的夢想：在家鄉猶他州普洛弗興建藝術中心。她為這項計畫成立委員會，自己擔任主席數年，並請市府官員及市民當委員，她找到可重新整修的建築，也不斷募款以實現夢想。如今

（以她命名的）「柯維藝術中心」（Covey Center for the Arts）每年充分運用的日子超過三百天，舉辦歌劇、芭蕾舞、舞臺劇、各種表演，及其他文化、娛樂活動。

不過最重要的是，母親從未結束當人丁興旺的大家族女家長。她好多次在醫院，當身體幾乎要關機時卻又恢復，歷經我們認為的「奇蹟」，使壽命一次又一次延長。

她絕不錯過一年當中那些可以把子孫聚集起來的機會。她慶賀嬰兒出生、嬰兒祝禱、受洗、畢業、婚禮、生日、節日、孫子比賽及表演，任何重要的場合。直到最後，她仍然送每個家人生日卡：九個子女加配偶、五十五個孫子、四十三個曾孫，這根本是全職工作！每個家人都覺得受到關愛，與她關係緊密，也經常探望她。她與孫輩、曾孫輩十分親近，他們特別愛她，用「媽媽的媽媽」（Mere Mere）稱呼她。借用父親的說法，她「太偉大！」

在母親的喪禮上，孫子女與曾孫子女全部到齊，起立向她致敬，遵循她的要求齊唱〈讓世界充滿愛〉（*Fill the World With Love*），其中的歌詞正反映她一生的使命。

我們很高興的說，摯愛的母親確實讓我們的世界充滿愛。儘管面對種種挑戰，她卻執意選擇追求向上人生，直到生命終點，她始終「堅強、勇敢、真誠」。她鼓舞每個子女，還有所有認識她及愛她的人。因此我們全家人自豪的讚揚：「珊德拉萬歲！」

我分享這些個人觀點，目的是希望各位不論目前的生活狀況，仍然有可能追求向上心態——不論在你看來那代表什麼，並且盡可能保持下去。雖然父母暫時離開我們，他們遺留的珍寶，透過子子孫孫，透過受啟發也在追求向上人生的人，將生生不息。

活在後人的心中就是未死去。

——英國詩人坎貝爾（Thomas Campbell）

馬上希望：瑞秋．柯維基金會

一旦選擇希望，任何事都有可能。

——克里斯多福．李維（Christopher Reeve）

父親過世兩個月後，我年僅二十一歲的漂亮姪女瑞秋・柯維（Rachel Covey），就因憂鬱症影響而離世。疼愛她的父母——舍弟西恩與弟媳瑞貝卡尤其傷心，由於才剛送走父親，更是雪上加霜。瑞秋是八個孩子的長女，也是她父母兩邊許多親戚的好姪女好姊妹，大家都很愛她，也對她的離開深深感傷。

瑞秋是「主要偉大」的榜樣，也擁有許多真正重要的不凡天賦：她善良、關愛、敏感、有趣、有愛心、有創意、無私、慷慨、愛冒險。她的笑容有傳染力，孩子們都很崇拜她，她也特別愛馬，對馬滿懷熱情。信仰神使我們感到寬慰，我們相信，她祖父就在她之前辭世並非偶然。

西恩與瑞貝卡勇敢的決定在瑞秋的訃聞裡加入她對抗憂鬱症的經過，以幫助其他同病相憐的人。在傷痛中這麼做難能可貴，可以使有類似病痛的人受惠。許多人來找他們夫婦，流淚分享自身或家人的經驗，由此打開療癒之路。柯維家族再次團結一心，擁抱西恩和他們的子女，其他親友亦復如此。

有個鄰居出於好心，對西恩說，他這輩子都會因為瑞秋過世，在心中留下缺憾。這話其實讓西恩很困擾，他經過思考後決定，與其一輩子覺得有缺憾，不如在內心鍛鍊新肌肉。有此決心，西恩和瑞貝卡的復元之路，讓我們都受到鼓舞，也感到驚訝。儘管那過程艱辛無比，他們選擇靠信仰與勇氣持續前進，他們的家庭穩固，運作極好。

瑞秋生前喜歡參加二十五英里馬術耐力賽，首次賽完後，她熱切的告訴父母：「我找到我的願望了。」她走後，有幾個瑞秋的朋友來看望西恩和瑞貝卡，並提到瑞秋如何教他們騎馬，幫助他們度過難關。西恩和瑞貝卡雖然仍很悲傷，卻由此想到成立基金會，幫助其他年輕女性體驗相同的樂趣，以此紀念和彰顯女兒的一生。

瑞貝卡回憶，剛成立基金會時：「有一邊的我說：『我根本不想做什麼基金會，我只要瑞秋回來……回來騎在馬上，我想看到她的笑容。』可是另一邊的我說：『好吧，可是她不在了。所以我們要去找陷入困境的女孩，帶她們到馬廄來，教她們騎馬，讓她們覺得自己很好，而能克服難關。』」

於是在傷痛中，誕生了「馬上希望：瑞秋．柯維基金會」（Bridle Up Hope: The Rachel Covey Foundation），以透過騎術訓練，啟發年輕女性的希望、信心、復元力為使命。它為自尊心低落、焦慮或有憂鬱問題，曾遭創傷或虐待，或只是失去希望的十二至二十五歲女性，提供獨特的十四週課程。她們在「馬上希望」馬場，學習騎馬及與馬培養感情，充實生活技能，並從服務中找到自己的看法。這世上有太多女孩覺得自己能力不足，永遠無法成功，「馬上希望」幫助她們認識自己與生俱來的價值與潛能，建立信心，克服個人難關。

西恩的國際暢銷書《7個習慣決定未來》，是奠基於父親的七個習慣的原則，特別針對青少年而寫。「馬上希望」的課程也教授這七個習慣，學習及應用這些習慣是課程重點之一。除了從如何照顧馬及騎馬獲得信心，女孩們所學的生活課程，擴及好好度過求學生涯，處理同儕壓力，做出適切選擇與決定，避免成癮物質，以服務做回饋，及其他寶貴課程，由此幫助她們走過青春期勢必遭遇的生活起伏。西恩與瑞貝卡相信，拯救一個女孩，就是拯救世世代代。

一位課程結業生最近分享她的故事：

> 上這個課程之前，我接受輔導一年多，卻仍然無法重新站起來。我盡了我所懂得的方法，努力適應所面對的創傷，及隨之而來的問題，可是我總覺得這一生是毀了。我真的沒把握，能不能再度快樂或成功。我的人生失去希望好多年，卻正是在「馬上希望」發現了希望。我從馬的身上，從厲害的講師與七種習慣，學會如何在生活中運用希望的力量，最後終於邁開大步。
>
> 我學到影響最大的，是個人責任這個概念。避免為非自己的過錯感到內疚，同時仍

> 為自我療癒及現下的生活負責，要平衡這兩方面並非易事。透過與馬合作，我學會如何建立及維持界線，並清楚的向他人表達。經過一段時間後，我覺得自己的力量又回來了，我可以創造自己想要的人生。學習如何實踐七種習慣，並相信在創傷前所希望的人生可以達成，在看似無望的時刻，是我人生最大的幸運。[4]

「馬上希望」現在已使一千多個女孩的人生有所轉變，並擴展到許多州與國家。基金會的願景表現在其標誌上：粉紅馬蹄鐵，有一天它將被公認為帶給年輕女性希望的全球標誌，就像粉紅絲帶是防治乳癌的全球標記。基金會計畫在全球多達一千個地點設立分會，造福數以萬計的女孩。[5]

青少年，特別是青少女的焦慮與憂鬱，已是全球性流行病。女孩拚命想讓自己夠好、夠聰明、夠漂亮或夠苗條，社群媒體更是推波助瀾。年輕女性覺得必須達到這不可能的完美標準，以致她們的心理健康受到危害。「馬上希望」計畫的需求因此大增，超出基金會募款的速度。為籌募經費提供女孩們獎學金，西恩與瑞貝卡開設「馬上希望網路商店」，銷售帽T、運動衫、印有肯定字句的T恤、珠寶及其他商品，全都與騎馬術有關。類似「紐曼自有食品公司」的產品，所有利潤百分之百用於支持「馬上希望基金會」。[6]

瑞秋走後剛過三年，西恩在一次追思會上演講，在場都是最近失去近親的人。這對他並不容易，因為西恩從未公開談過喪女之痛。他是這樣開場的：

我在此是與大家一起哀傷，不是為各位療傷。你們很可能都經歷過這種狀況，有人出於善意，想幫忙你減輕傷痛，反而說出最刺痛你的話。面對哀傷沒有捷徑。你必須走過它。我想告訴各位，我能感受你們的傷痛，我理解。

接著西恩勇敢分享過去三年他自己悲傷與復元的故事。瑞秋走後，他發現：「面對悲劇或改變一生的情況，你基本上有三個選擇。一是讓它毀掉你。二是讓它決定你的未來。三是讓它使你堅強。」

儘管那是他有生以來最困難的事，但是他決意擁抱第三個選項。西恩承認，療傷沒有魔法時間表，不過他分享，使他與家人變得堅強而能夠繼續向前行的幾個想法。

- **寫下你想記得的事**。西恩與瑞貝卡在一本特別的日誌中，記下他們不想忘記的經驗、感受與回憶，其中有些是來自家人及外人。他們寫下瑞秋走後發生的許多小奇蹟，還有別人談起她如何影響了他們的人生。當家人想要感覺親近她並紀念她時，經常拿出這本日誌來讀。

- **紀念有意義的日子。**西恩與瑞貝卡不想把重心放在瑞秋的忌日，所以經常與子女、親戚一起慶祝瑞秋的生日。他們講起瑞秋的故事，笑她那些好笑的金句，重現過去的回憶，也做她那不同凡響的香蕉麵包及自製莎莎醬。每次都會準備西瓜，那是她平生的最愛。家人期待同聚的有意義時刻，並以此為她慶生，使她的生日變得可以承受。
- **找到你的願望，化悲傷為力量。**西恩與瑞貝卡因此成立「馬上希望」。透過這個基金會的工作，他們看到每天都有人改變了人生。他們以幫助有相同困擾的人來榮耀瑞秋。套句西恩的話：「『馬上希望』就是瑞秋——散布到四面八方。」

當你「找到你的願望，也幫助別人找到他的願望」，這有助於面對失去親人的傷痛。造福別人，你會獲得療癒，並重拾快樂。

西恩在結尾指出，悲傷沒有固定的時間表。每個人都不同。他最後傳達希望的訊息：「上帝關照，生命繼續，有一天你可以再次感到完整與快樂，就像我一樣。我保證。」

作者誌

但願讀者閱讀本書，像我（與父親）撰寫它時一樣那麼愉悅，也希望本書幫助你轉變想法，激起熱情。現在，我更希望各位領悟到，無論什麼年齡或處於什麼人生階段，你永遠可以追求向上人生。

對我來說，這是神聖的守護使命，是多年前我與父親一起著手時，他交付給我的。寫完此書是漫長而艱辛的旅程，可是我學到太多，也被我自世界各地找到的令人振奮的諸多事例真正激勵到。

不分年紀或地位，你的貢獻永遠不會結束。你應當不斷在人生中追求更高、更好的事物。過往的成就也許使你感到滿足，可是下一個偉大的貢獻，總是在前方等著你。你有關係要建立，有社區要服務，有家庭要鞏固，有問題要解決，有知識要取得，有偉大作品要創作。不管你是在做中年掙扎、已達到成功顛峰、正面臨改變一生的挫折，或進入人生下半場，請明白：儘管有各種挑戰，只要你刻意選擇，你最偉大最重要的工作真的還等在前方。

如同各位在結語中讀到的，我們一家人學習向上人生的旅程，隨著經過個人本身的挑戰，產生了新的意義。我在本書中分享的數十則發人深省的故事，證明向上心態可以成功整合到任何人生階段，並大大豐富你的人生。

請試想所有你能分享的長才、能完成的善舉、能造福的生命，還有做這些事將進入你心中的喜樂。請付諸行動，創造你自己了不起的貢獻事蹟。不要懷疑自己。你有這種力量與才能，你的能力還會增加。我有信心，當你做這些事時，將以天賦和才華及改變生命的貢獻，照亮你的人生，也照亮家人、社區、甚至世界。

辛希雅・柯維・海勒

謝詞

對許多促使本書能夠順利撰寫及出版的人，我要致上深深謝意。本書是長達十多年的工程，我也要感謝一路走來，好多關心的人給予的大力支持。

我永遠感激最佳密友，也是結縭四十二年的夫婿 Kameron Haller，謝謝他從不間斷的愛，及對我、對這本書堅定不移的支持。他增加我的信心，相信我能夠盡最大努力寫成此書。他的洞見、批評、智慧和判斷，始終精準而中肯，我藉此度過氣餒及受挫的時刻，我也十分感謝他對我人生的影響。

此外我要肯定一路相伴的六個好兒女及他們的配偶：Lauren 與 Shane、Shannon 與 Justin、Kameron 與 Haley、Mitchell 與 Sara、Michael 與 Emilie、Connor 與 Hannah。他們不但在言語上鼓勵我支持我，也提出有用的反饋，在我忙著寫稿時表現耐心，並不時為我打氣。么兒 Connor 溫和的提醒我：「你已經寫完了！我人生一半時間你都在寫這本書！」可愛的二十一個孫子女也一直給我機會「追求向上人生」。

在此要特別感激弟弟西恩，他從一開始就相信我，相信這本書，從寫作到出版的整個過程持續指引我，並提供寶貴的編輯協助、合約專長、行銷指導。謝謝八個弟妹，閱讀早期的一些初稿，並給我鼓勵：Maria 給我額外的編輯協助，Stephen 一有機會便推廣此書。謝謝 John 叔叔，他總是適時打來鼓勵的電話，也感謝諸多親友的關心與支持，特別是 Carol Knight 初期的重要貢獻，還有 Greg Link 讀過多次草稿，多年來他給我很多寶貴的建議。

我也要向富蘭克林柯維公司（FranklinCovey）的團隊致謝，尤其是 Debra Lund 特別用心蒐集對本書的讚譽；還有 Scott Miller、Annie Oswald、Laney Hawes 及 Zach Chaney 及時雨般的協助。

感謝經紀人 Jan Miller 與助理 Shannon Miser-Marven，她們一開始就相信「向上人生」的概念。對這二位卓越的編輯，我也感激不盡：Dave Pliler 與 Robert Asahina，他們的專業能力提升了本書內容及呈現方式。Jan Miller 與 Robert Asahina 也分別是家父的經紀人及《與成功有約》的編輯。在準備將手稿印製成書時，我很幸運的與出版商西蒙與舒斯特的團隊密切合作，包括能幹的主編 Stephanie Frerich，以及 Emily Simonson 與 Maria Mendez，她們在整個過程中，引導我這個新手作者。

本書可說是父親的「最後演講」，我遵守諾言，完成他二〇〇八年構思，由我倆一起開始的這本書，我感覺得到他的肯定。在整個寫作過程中，我充分感受到他的影響力，我崇敬這位偉大的父親及激勵人心的領導者，他「活過，愛過，並留下功業」。母親在各方面都與父親不相上下。她也始終相信及肯定我與弟妹。有那麼崇高的父母，把我們教養得個個成材，是多麼幸運！

最後，若不感謝上帝的恩典及對我人生的影響，就是忘恩負義。上帝的指引及啟示，為我注入勇氣與信心，去從事這般龐大的工程，並給我順利完成它的能力，對此種種，我由衷表達深切的感恩。

注釋

PART 1 中年掙扎

1. Quote attributed to George Bernard Shaw. https://www.goodreads.com/quotes/1368655-two-things-define-you-your-patience-when-you-have-nothing
2. 辛希雅・海勒，個別訪問，2017 年 8 月。
3. Frances Goodrich, Albert Hackett, and Frank Capra, *It's a Wonderful Life* (Liberty Films, 1946).
4. Phil Vassar, "Don't Miss Your Life," RodeoWave Entertainment, lyrics mode.com, 2012. Reprinted with permission.
5. Clayton Christensen, hbr.org/2010/how-will-you-measure-your-life.
6. 辛希雅・海勒，個別訪問，2018 年 5 月。
7. 辛希雅・海勒，個別訪問，2019 年 10 月。
8. goodreads.com/quotes/273511.
9. Kenneth Miller, "Don't Say No," readersdigest.com, 2008.
10. Middle School Principal Drops Weight and Inspires Students," ksl.com, March 18, 2008.
11. Tiffany Erickson, "Glendale's Big Losers: Principal Drops 173 Pounds; Staff Also Slims Down," deseretnews.com, January 2, 2007.
12. 辛希雅・海勒，個別訪問，2018 年 5 月。
13. John Kralik, *A Simple Act of Gratitude: How Learning to Say Thank You Changed My Life* (Hyperion, 2010).
14. Carol Kelly-Gangi, editor, *Mother Teresa: Her Essential Wisdom* (Fall River Press, 2006), p. 21.
15. 辛希雅・海勒得知的故事，2015 年 7 月。
16. burritoprojectslc.webs.com.
17. Heather Lawrence, "Engineer Returns to Thank Engaging Churchill Science Teacher," *Holladay Journal*, November 2020.

18. 辛希雅・海勒得知的故事，2010 年 4 月。
19. Lawrence, "Engineer Returns."
20. Mindy Rice 告知辛希雅・海勒，2018 年 5 月 20 日。
21. Robyn Ivins 告知辛希雅・海勒，2020 年。
22. 辛希雅・海勒得知的故事，2020 年。
23. 辛希雅・海勒得知的故事，2016 年。
24. brainyquote.com/quotes/marian-wright-Edelman.
25. goodreads.com/quotes/15762.
26. 辛希雅・海勒，個別訪問，2019 年 10 月。
27. Tennessean.com/story/entertainment/music/2019/11/20/garth-brooks-exploded-like-no-country-star-before-him-cma-entertainer-year-4226820002/.
28. dailymail.com.uk/tvshowbix-3030642/Garth-Brooks-chose-family-fame-walked-away-music-14-years-article-3030642/.
29. usatoday.com/story/entertainment/music/2019/11/22/garth-brooks-bled-reclaim-top-spot-country-music/42707530021/.
30. usatoday.com/story/entertainment/music/2020/03/29/coronavirus-garth-brooks-trisha-yearwood-announce-cbs-live-show-2935608001/.
31. Netflix. "*The Road I'm On*," 2019.

PART 2 成功的顛峰

1. Brian Williams, interview with Peter Jackson, rockcenter.nbd.news.com, December 6, 2012.
2. Kent Atkinson, "Peter Jackson Gives $500,000 for Stem Cell Research," Nzherald.co.nz, July 15, 2006.
3. Susan Strongman, "Sir Peter Jackson Rescues Beloved Church," nzherald.co.nz, August 12, 2015.
4. Chip Smith 告知辛希雅・海勒，2012 年 7 月 23 日。
5. Aleksandr Solzhenitsyn, in *At Century's End: Great Minds Reflect on Our Times* (Alti Publishing, 1997).
6. Carol Kelly-Gangi, editor, *Mother Teresa: Her Essential Wisdom* (Fall River Press, 2006), p. 101.
7. Henry Samuel, "Millionaire Gives Away Fortune Which Made Him Miserable,"

telegraph.co.uk, February 2010.
8. E. Jane Dickson, "Nothing But Joy," *Readers Digest*, October 2010, pp 142–146.
9. From THE QUILTMAKER'S GIFT by Jeff Brumbeau. Text copyright c 2000 by Jeff Brumbeau. Text copyright c 2000 by Jeff Brumbeau. Reprinted with permission of Scholastic Inc.
10. Alena Hall, "How Giving Back Can Lead to Greater Personal Success," *Huffington Post*, June 2014.
11. Neal Tweedie, Bill Gates interview: "I Have No Use for Money; This Is God's Work," telegraph.co.uk, January 18, 2013.
12. David Rensin, "The Rotarian Conversation: Bill Gates," *Rotarian*, May 2009, pp. 45–53.
13. gatesfoundation.org/Who-We-Are/General-Information/Letter-from-Bill-and=Melinda-Gates, Annual Report, 2018.
14. Bill and Melinda Gates, "We Didn't See This Coming," gatesnotes.com/2019-Annual-Letter.
15. Melinda Gates, *The Moment of Lift: How Empowering Women Changes the World* (Flatiron Books, 2019), pp 14, 15, 38.
16. Ibid, p. 11.
17. cnbc.com/2017/10/24/bill-gates-humanity?-will-see-its-last-case-of-polio-this-year.
18. Sarah Berger, "Bill Gates Is Paying Off This Country's $76 Million Debt," cnbc.com.
19. Rensin, "The Rotarian Conversation."
20. Gates, *The Moment of Lift*, pp. 19, 118–121.
21. Ibid, pp 50–53.
22. givingpledge.org.
23. Ibid.
24. Laura Lorenzetti, "17 More Billionaires Join Buffett and Gates' Giving Pledge This Year," fortune.com, June 1, 2016.
25. Buffet, Warren. "My Philanthropic Pledge." givingpledge.org.
26. Brendan Coffey, "Pledge Aside, Dead Don't Have to Give Away Half Their

Fortune," bloomberg.com, August 6, 2015.
27. 辛希雅・海勒得知的故事，2018 年 6 月。
28. cnbc.com/2017/02/07/ruth-bader-ginsburg-says-this-is-the-secret-to-living-a-meaningful-life.html.
29. Cynthia Haller, personal interview of John Nuness, July 2012.
30. Kenneth H. Blanchard and Spencer Johnson, *The One Minute Manager* (William Morrow & Co, 1982).
31. Kim Lacupria, "Single Mom at Pizza Hut Amazed When Stranger Pays Tab," Inquisitr.com, October 28, 2013.
32. Ibid.
33. Stephen R. Covey, "Affirming Others," *Personal Excellence*, August 1996, p 1.
34. Viktor Frankl, *Man's Search for Meaning* (Simon & Schuster, 1984), p. 116.
35. Will Allen Dromgoole, "The Bridge Builder," *Father: An Anthology of Verse* (EP Dutton & Company, 1931).
36. 辛希雅・海勒得知的故事，2018 年 10 月。
37. 辛希雅・海勒得知的故事，2020 年 4 月。
38. coachwooden.com/the-journey.
39. John Wooden and Don Yaeger, *A Game Plan for Life: The Power of Mentoring* (Bloomsbury USA, 2009), pp. 3–4.
40. Ibid, p. 13.
41. coachwooden.com/favorite-maxims.
42. Don Yaegar, success.com/article/mentors-never-die, August 27, 2010.
43. John Wooden and Don Yeager, *A Game Plan for Life*, p. 4.
44. The Abolition Project, "John Newton (1725–1807): The Former Slaver & Preacher," abolition, e2bn.org/people.
45. nfl.com/manoftheyear.
46. teamsweetness.com/wcpf.html.
47. Andie Hagermann, "Anquan Boldin: Named 2016 Payton Man of the Year," nfl.com, February 2016.
48. Ibid.
49. John Connell, *W.E. Henley* (Constable, 1949), p. 31.
50. Ibid.

51. "The Good Guy," *People* Tribute Commemorative Issue—Paul Newman, 1925–2008, pp. 82, 88, 89.
52. newmansownfoundation.org (about-us, history, and mission).
53. holeinthewallgang.org/about.
54. "The Good Guy," p. 80.
55. Natasha Stoynoff and Michelle Tauber, "Paul Newman 1925–2008: American Idol," *People*, October 13, 2008, p. 63.
56. newmansownfoundation.org/about-us/timeline.
57. newmansownfoundation.org/about-us/total-giving.
58. newmanitarian.org.
59. 請造訪以下網址：newmansownfoundation.org，你會深受各種慈善故事、有趣的露營經驗及見證影片所鼓舞。在美國許多地方都不難找到符合你志趣，而可以投入時間、技能或金錢的好機會。
60. *People* Tribute Commemorative Issue, p. 96.
61. "Meet the New Heroes," PBS, New York, July 1, 2005.
62. "Muhammad Yunus—Biographical," nobelprize.org, 2006.
63. "Meet the New Heroes."
64. "World in Focus: Interview with Professor Muhammad Yunus," *Foreign Correspondent*, March 25, 1997.
65. Jay Evensen, "Muhammed Yunus Still Saving People One at a Time," *Deseret News*, March 13, 2013.
66. "Muhammad Yunus—Facts," nobelprize.org, 2006.
67. "Meet the New Heroes."
68. Evensen, "Muhammed Yunus Still Saving People."

PART 3 改變人生的挫折

1. Jane Lawson, "Stephenie Nielson of NieNie Dialogues: Sharing Her Hope." ldsliving.com, July /August, 2012.
2. Shana Druckman and Alice Gomstyn, "Stephanie Nielson's Story After Tragic Crash, Mom of Four Nearly Lost All," abcnews.go.com, May 12, 2011.
3. nieniedialogues.com.
4. Stephanie Nielson, *Heaven Is Here* (Hyperion, 2012), p. 308.

5. Lawson, "Stephanie Nielson of NieNie Dialogues."
6. Ibid.
7. eji.org/cases/anthony-ray-hinton/.
8. Anthony Ray Hinton with Lara Love Hardin, *The Sun Does Shine: How I Found Life, Freedom, and Justice* (St. Martin's Press, 2018), pp. 104, 145.
9. Ibid., p. 147.
10. Ibid., p xvi.
11. Ibid., pp 291–294.
12. abcnews.go.com/nightline/video/30-year-death-row-inmate-celebrates-days-freedom-30548291.
13. Ibid.
14. Greg, McKeown, *Essentialism: The Disciplined Pursuit of Less* (Currency, 2014), p. 36.
15. goodreads.com
16. Doug Robinson, "The Comeback Kid: After a Devastating Accident, Anna Beninati Finds Happiness," *Deseret News*, October 2012.
17. "Teen in Tragic Train Accident: 'I Remember Thinking I Was Going to Die'" *today.com*, January 27, 2012.
18. goodreads.com.
19. elizabethsmartfoundation.org.
20. Elizabeth Smart with Chris Stewart, *My Story* (St. Martin's Press, 2013), pp. 25–50.
21. Ibid., pp. 60, 61.
22. Ibid., p. 275.
23. Elizabeth Smart, keynote speaker, Crimes Against Children conference, 2011, elizabethsmartfoundation.org.
24. Smart, *My Story*, p. 53.
25. goodread.com/quotes/80824-one-of-the-things-i-learned-when-i-was-negotiating.
26. "Biography of Nelson Mandela," nelsonmandela.org.
27. William Ernest Henley, "Invictus," Poetry Foundation.
28. Johann Lochner, "The Power of Forgiveness: Apartheid-era Cop's Memories of

Nelson Mandela," cnn.com, December 12, 2013.
29. Marcus Eliason and Christopher Torchia, "South Africa's First Black President Known for Role as Peacemaker," *Deseret News*, December 6, 2013.
30. "Top 10 Nelson Mandela Quotes," movemequotes.com.
31. Eliason and Torchia, "South Africa's First Black President."
32. Dominic Gover, "Four Acts of Forgiveness That Sowed South Africa Path Away from Apartheid," ibmtimesco.uk, December 6, 2013.
33. Eliason and Torchia, "South Africa's First Black President."
34. "Nelson Mandela Dead: Former South Africa President Dies at 95," *Huffington Post*, January 23, 2014.
35. Nelson Mandela, *Long Walk to Freedom* (Back Bay Books, 1995).
36. Smart, *My Story*, pp. 285–286.
37. "Elizabeth Smart Relieves Kidnapping Ordeal at Mitchell Hearing," ksl.com (full court testimony).
38. Smart, *My Story*, p. 302.
39. daveskillerbread.com.
40. daveskillerbread.com/about-us.
41. 辛希雅・海勒，個別訪問，2019 年 10 月。
42. "His Tragic Loss Helps Others Gain Sight," cnn.com, cnn heroes, August 15, 2008.
43. "Dr. Chandrasekhar Sankurathri: A Real Hero," global1.youth-leader.org.
44. "His Tragic Loss Helps Others Gain Sight."
45. srikiran.org/about-us.
46. srikiran.org.
47. "Dr. Chandrasekhar Sankurathri: A Real Hero."
48. Frankl, *Man's Search for Meaning*, pp. 84, 85, 88.
49. Ibid.
50. "Does Every Cactus Bloom?," homeguides.sfgate.com/cactus-bloom-62730.html.
51. elizabethsmartfoundation.org.
52. Michael J. Fox, *A Funny Thing Happened on the Way to the Future* (Hyperion, 2010).

53. Amy Wallace, "Michael J. Fox's Recipe for Happiness," readersdigest.com, May 2010, p. 83.
54. Chris Powell, "The Incurable Optimist," *Costco Connection*, November 2020, pp. 48–49.
55. Ibid.
56. 辛希雅・海勒，個別訪問，2016 年 6 月。
57. Ibid.
58. goodreads.com/quotes/14830-these-are-the-times-in-which-a-genius-would-wish.
59. *Dead Poets Society* (Touchstone Pictures, 1989).
60. littlefreelibrary.org/ourhistory/.
61. Smith, Russell C, Foster, Michaell. "How the Little Free Library is Re-inventing the Library." huffpost.com/entry/little-free-library_b_1610026, June 21, 2012.
62. littlefreelibrary.org/about/.
63. littlefreelibrary.org/todd-notice/.
64. daysforgirls/history.org.
65. daysforgirls/ourimpact.org.
66. *Camelot* (Warner Bros., 1967).
67. Danica Kirka, "Malala's Moment: Teenage Nobel Laureate Gives Primer in Courage and Peace," startribune.com., December 10, 2014.
68. biography.com/activist/malala-yousafzai.
69. Baela Raza Jamil, ElenaBaela Raza, Matsui, Elena, and Rebecca Winthrop, Rebecca. "Quiet Progress for Education in Pakistan," brookings.edu, April 8, 2013.
70. "Malala Yousafzai's Speech at the Youth Takeover of the United Nations," theirworld.org, July 12, 2013.
71. nytimes.com/2014/10/31/world/middleeast/malala-yousafzai-nobel-gaza-school.html.
72. amberalert.ojp.gov/statistics.
73. Elizabeth Smart with Chris Stewart, *"My Story."* St. Martin's Press, 2013, Epilogue.
74. elizabethsmartfoundation.org.

75. radKIDS.org/2018/07/2018-radKIDS-at-a-glance.
76. Elizabeth Smart with Chris Steward, *My Story*, p. 303.

PART 4 人生下半場

1. Winston Churchill, *The Second World War* (Houghton Miflin, 1951).
2. Hans Selye, *The Stress of Life* (McGraw Hill, 1978), pp. 74, 413.
3. Suzanne Bohan and Glenn Thompson, *50 Simple Ways to Live a Longer Life* (Sourcebooks, Inc., 2005), p. 188.
4. Dan Buettner, "Find Purpose, Live Longer," *AARP The Magazine*, November/December 2008.
5. Bohan and Thompson, *50 Simple Ways*.
6. Albin Krebs, "George Burns, Straight Man and Ageless Wit, Dies at 100," *New York Times*, March 1996.
7. Shav Glick, "Hershel McGriff Finishes 13th at Portland," Espn.go.com, July 2009.
8. "Nominees Announced for Hall of Fame Class," hometracksnascar.com, February 2015.
9. Glick, "Hershel McGriff Finishes 13th."
10. Buettner, "Find Purpose, Live Longer."
11. Robert Lee Hotz and Joanna Sugden, "Nobel Physics Prize Awarded to Trio for Laser Inventions," *Wall Street Journal*, October 2018.
12. Allen Kim, "John B. Goodenough Just Became the Oldest Person, at 97, to Win a Nobel Prize," cnn.com, October 2019.
13. Bill Gray, "Making Deals, Irma Elder: The Businessperson," *AARP The Magazine*, November/December 2007.
14. Bill Gray "They Got Game," *AARP The Magazine*, November/December 2007, p. 58.
15. 辛希雅・海勒，個別訪問，2021 年 5 月。
16. Cindy Kuzman, "Barbara Bowman's Tips for Living to 90," chicagomag.com, January 28, 2019.
17. Ibid.
18. goodreads.com/quotes/649680-this-is-the-true-joy-in-life-being-used-for.

19. Warren Bennis, "Retirement Reflections," *Personal Excellence*, July 1996.
20. 辛希雅・海勒，個別訪問 Crawford and Georgia Gates，2015 年。
21. Laura Landro, "How to Keep Going and Going," *Book Review*, March 2011.
22. Beth Dreher, "For a Long Life, Watch Your Attitude," *Health Digest*, summary by readersdigest.com, March 2011.
23. Amy Norotney, "The Real Secrets to a Longer Life," *Monitor. American Psychological Association*, December 2011.
24. "Secrets to Longevity: It's Not All About Broccoli," author interviews, NPR Books, npr.org, March 24, 2011.
25. Sarah Elbert, "Step in Time." Renew, November 2016.
26. Dreher, "For a Long Life."
27. Norotney, "The Real Secrets."
28. Marjorie Cortez, "Activities, Art Aid Senior's Health," dn.com., November 2007.
29. Julie Andrews, "I Went into a Depression—It Felt Like I'd Lost My Identity," *AARP: The Magazine*, October/November 2019.
30. Alynda Wheat, "Julie Andrews: 'Losing My Voice Was Devastating," people.com, March 20, 2015.
31. Andrews, "I Went into a Depression."
32. Katherine Bouton, "80 Years, a Longevity Study Still Has Ground to Cover," *New York Times*, April 18, 2011.
33. National Science Foundation, "Staying Alive: That's What Friends Are For," usnews.com, July 29, 2010.
34. Bouton, "80 Years."
35. "Work and Retirement: Myths and Motivations—Career Innovations and the New Retirement Workscape," imagespolitico.com, June 4, 2014.
36. Cathy Allredd, "Lady of Legacy: Lehi-Rippy Family Literacy Center Founder Dies," heraldextra.com, February 15, 2014.
37. "Hesther Rippy," Pointoflight.org, December 17, 2003.
38. lehi-ut.gov/recreation/literacy/about-us/.
39. Lois Collins, "Pamela Atkinson Is Welcomed Among Kings and Paupers," *Deseret News*, October 2, 2010.

40. Kim Burgess, "Pamela Atkinson," *Community Magazine*, 2010.
41. Devin Thorpe, "13 Lessons from a Great Social Entrepreneur," forbes.com, September 20, 2012.
42. 辛希雅・海勒，個別訪問 Romana，2014 年 5 月。
43. Tonya Papanikolas, "A Show of Love," dn.com, February 6, 2007.
44. Andrew Marshall, "Group Sews Humanitarian Items for Kids," *Deseret News*, 2010.
45. 辛希雅・海勒，個別訪問，2010 年 10 月。
46. Suzanne Bohan and Glen Thompson, *50 Simple Ways to Live a Longer Life* (Sourcebooks, Inc., 2005), pp. 43–44.
47. *Magnificent Obsession.* Universal International Technicolor, 1954.
48. Matthew 6:1, King James Version.
49. William Shakespeare, Sonnet 29, *The Complete Works of William Shakespeare* (Avenel Books), p. 1196.
50. Linda and Richard Eyre, *Life in Full: Maximizing Your Longevity and Your Legacy* (Famillus, LLC, 2015).
51. Linda and Richard Eyre, "Ignore Those Old Clichés About Aging," *Deseret News*, October 21, 2015.
52. theeyres.com.
53. Linda and Richard Eyre, "Ignore Those Old Clichés About Aging."
54. 辛希雅・海勒，個別訪問，2019 年 10 月。
55. passion.com/inspirational-quotes/4244-a-hundred-years-from-now-it-will-not-matter.
56. brainyquote.com/quotes/George_bernard_shaw_103422.
57. Harold Kushner, *When All You've Ever Wanted Isn't Enough: The Search for a Life that Matters* (Fireside, 1986), p. 18.
58. Steve Hartman, "Couple Who Restores Musical Instruments Has Given Away Hundreds to Rochester Students," cbsnews.com, December 13, 2019.
59. "Why Keep Going?" Question and Answer, Renew by UnitedHealthcare, 2015.
60. Viktor Frankl, *Man's Search for Meaning* (Simon & Schuster, 1984), p. 113.
61. Robert Ryland Thompson, "In Search of a Logo," *Personal Excellence*, November 1996, p. 2.

62. biography.com/us-president/jimmy-carter.
63. biography.com /us-first-lady/rosalynn-carter.
64. "Rosalynn and Jimmy Carter Center: 2020 Habitat for Humanity Work Project to Take Place in Dominican Republic," habitat.org, October 11, 2019.
65. Jimmy and Rosalyn Carter, *Everything to Gain: Making the Most of the Rest of Your Life* (Thorndike Press, 1988).
66. Ibid.
67. azquotes.com/quote/203937.
68. Nanci Hellmich, "How to Make a Smooth Transition to a New Life," *USA Today*, May 19, 2015.
69. nyam.org/news/article/nyam-president-dr-judith-salerno-discusses-covid-19-response-inside-edition/.
70. nyam.org/news/article/dr-judith-salerno-discusses-covid-19-response-goo-morning-america/.
71. Salena Simmons-Duffin, "States Get Creative to Find and Deploy More Health Workers in COVID-19 Fight," npr.org, March 25, 2020.
72. Simmons-Duffin, "States Get Creative."

PART 5　結語

1. quotefancy.com/quote/926564/Victor-Hugo-The-nearer-I-approach-the-end-the-plainer-I-hear-around-me-the-immortal.
2. genius.com/Andrew-lloyd-webber-those-canaan-days-lyrics.
3. rottentomatoes.com/m/1021312_three_amigos/quotes?#:LuckyDay%3A In a way, who wants to kill us.
4. bridleuphope.org.
5. bridleuphope.org/shop.
6. 辛希雅・海勒，個別訪問西恩・柯維，2015 年 11 月。

FranklinCovey

高成就文化，從心開始

富蘭克林柯維是全球最值得信賴的領導力公司。

我們相信每個個人、團隊和組織都有卓越的潛能，所有研發的內容，都是基於歷久彌新的原則和經驗證的架構，可大規模地改變人們的思維和行為，使領導者、團隊和組織取得突破性成果。

我們的使命：在世界各地協助個人與組織成就卓越。

我們的願景：深刻地影響全世界數十億人的生活、工作，並實現他們自我的偉大目標。

在富蘭克林柯維，我們重視：

- 全人思維：我們擁抱每個人的獨特性和多元性，努力打造歸屬感文化。
- 實踐原則：我們對所傳授的原則和知識充滿熱情，並致力於成為實踐的典範。
- 聚焦客戶：我們深切地關注客戶，協助他們實現自身遠大目標。
- 盈利成長：無論是個人還是組織，我們致力於實現有意義的成長。

我們的基本信念：

- 人們擁有與生俱來追求卓越的天賦，並且有能力做出選擇。
- 原則是永恆、普世的，是持續效能的基礎。
- 領導力是一種選擇，由內而外，以品格為基礎打造而成。卓越的領導者能夠釋放團隊的才華和熱情，邁向正確的目標。
- 高效能習慣來自堅持不懈地運用整合流程和工具。
- 持續卓越的績效需要產出與產能的平衡，即同時聚焦於目標達成與培養能力。

當您閱讀完此書，是否希望獲得更多學習與成長的機會呢？

富蘭克林柯維公司在台灣、香港和新加坡皆設有服務據點，歡迎致電 886-2-2325-2600，或瀏覽官網 www.franklincovey.com.tw，讓我們有機會為您提供更專業與詳盡的服務。

歡迎掃描下方各社群媒體平台，讓您即時獲得富蘭克林柯維最新資訊、掌握終極競爭優勢！

有關兒童、青少年、老師、學校、家庭等教育領域，歡迎致電 886-2-2703-5690，或瀏覽官網 www.peducation.com.tw。

國家圖書館出版品預行編目（CIP）資料

與成功有約最後一堂課：柯維的向上心態／史蒂芬・柯維 (Stephen R. Covey)、辛希雅・柯維・海勒 (Cynthia Covey Haller) 作；顧淑馨譯. -- 第一版. -- 臺北市：遠見天下文化出版股份有限公司, 2023.02

面；　公分. --（心理勵志；BBP474）

譯自：Live life in crescendo: your most important work is always ahead of you

ISBN 978-626-355-092-6（平裝）

1. CST：成功法

177.2　　112000471

心理勵志 BBP474

與成功有約最後一堂課

柯維的向上心態

LIVE LIFE IN CRESCENDO

Your Most Important Work is Always Ahead of You

作者 — 史蒂芬・柯維（Stephen R. Covey）
辛希雅・柯維・海勒（Cynthia Covey Haller）
譯者 — 顧淑馨

總編輯 — 吳佩穎
主編暨責任編輯 — 陳怡琳
校對 — 呂佳真
封面設計 — 張議文
內頁排版 — 張靜怡、楊仕堯

出版者 — 遠見天下文化出版股份有限公司
創辦人 — 高希均、王力行
遠見・天下文化 事業群榮譽董事長 — 高希均
遠見・天下文化 事業群董事長 — 王力行
天下文化社長 — 王力行
天下文化總經理 — 鄧瑋羚
國際事務開發部兼版權中心總監 — 潘欣
法律顧問 — 理律法律事務所陳長文律師
著作權顧問 — 魏啟翔律師
地址 — 台北市 104 松江路 93 巷 1 號 2 樓

讀者服務專線 — (02) 2662-0012 ｜傳真 — (02) 2662-0007；(02) 2662-0009
電子郵件信箱 — cwpc@cwgv.com.tw
直接郵撥帳號 — 1326703-6 號　遠見天下文化出版股份有限公司

製版廠 — 中原造像股份有限公司
印刷廠 — 中原造像股份有限公司
裝訂廠 — 中原造像股份有限公司
登記證 — 局版台業字第 2517 號
總經銷 — 大和書報圖書股份有限公司 電話／(02) 8990-2588
出版日期 — 2023 年 2 月 17 日第一版第 1 次印行
2024 年 2 月 22 日第一版第 7 次印行

Original English Language edition Copyright © 2022 by Cynthia Covey Haller
Complex Chinese Translation copyright © 2023 by Commonwealth Publishing Co., Ltd.,
a division of Global Views - Commonwealth Publishing Group
This edition is published by arrangement with the original publisher, Simon & Schuster, Inc.
through Andrew Nurnberg Associates International Limited.
ALL RIGHTS RESERVED.

定價 — NT 450 元
ISBN — 978-626-355-092-6
EISBN — 9786263550971 (EPUB)；9786263550964 (PDF)
書號 — BBP474
天下文化官網 — bookzone.cwgv.com.tw

本書如有缺頁、破損、裝訂錯誤，請寄回本公司調換。
本書僅代表作者言論，不代表本社立場。

天下文化
BELIEVE IN READING